A FUN

QUARANTINE

ACTIVITIES & COLORING

BOOK BELONGS TO:

____

CONNECT AT JEZPOKILI.COM

TABLE

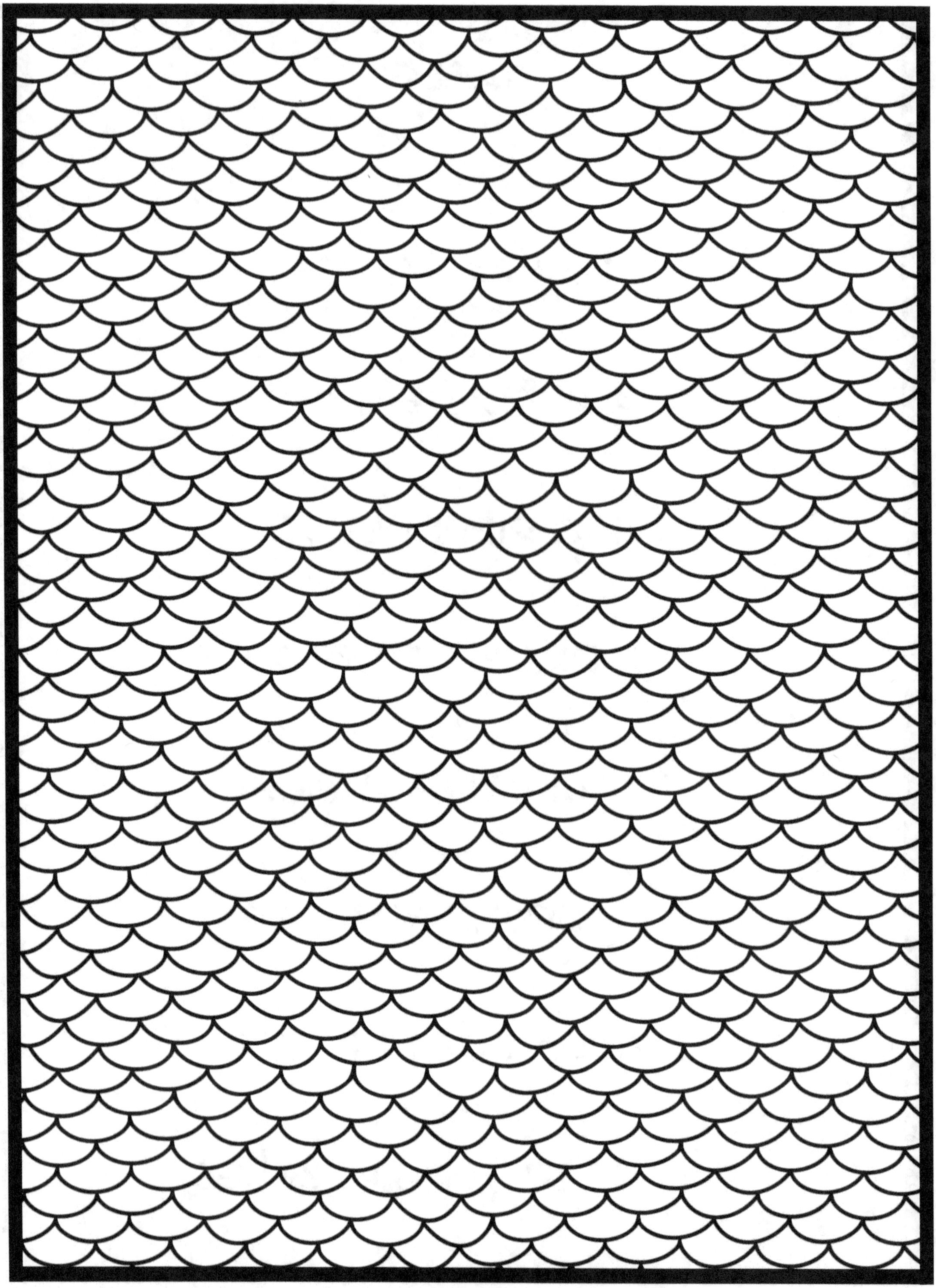

Word Search #1

l	k	h	c	j	o	y	o	u	s	h	f	d	t	r	a	i	t	s	f
a	t	r	o	d	i	n	s	p	i	r	e	d	b	b	m	m	o	u	l
u	l	e	n	n	y	i	n	n	o	v	a	t	i	v	e	r	v	r	u
d	c	l	s	u	e	g	g	h	v	f	b	c	r	y	d	e	r	p	o
a	v	i	i	h	e	s	u	m	x	s	r	y	b	h	h	m	c	r	r
b	h	a	d	f	d	e	t	e	r	m	i	n	e	d	o	r	w	i	i
l	t	b	e	f	u	i	t	e	t	i	o	l	m	g	d	a	h	s	s
e	g	l	r	c	v	b	g	j	o	t	e	q	q	r	u	o	o	e	h
o	l	e	a	i	j	y	t	e	n	e	r	g	e	t	i	c	k	g	s
a	a	s	t	h	d	v	g	j	b	r	i	l	l	i	a	n	t	l	y
r	t	u	e	k	w	r	e	y	i	e	t	w	q	w	r	e	w	d	x
e	v	p	g	v	o	b	h	r	j	n	n	h	k	m	l	n	b	g	k
s	f	o	a	f	j	j	y	r	s	v	b	g	o	r	s	n	c	l	i
o	e	s	d	j	j	g	o	h	e	a	c	h	a	r	a	c	t	e	r
l	y	i	k	b	c	s	e	t	j	f	t	t	j	g	f	t	i	p	l
u	p	t	t	r	e	r	f	e	w	q	a	i	d	g	e	k	h	r	j
t	r	i	d	e	t	e	r	m	i	n	e	d	l	y	u	d	b	o	t
e	o	v	a	q	r	d	g	j	l	p	o	r	w	e	c	x	x	g	b
h	l	e	n	k	i	t	f	v	x	b	e	l	m	l	l	l	k	r	g
c	i	g	r	u	p	h	d	w	t	w	s	e	g	r	e	y	n	e	k
n	f	u	i	j	g	h	y	y	o	g	t	d	r	i	v	e	n	s	h
v	i	d	g	e	k	t	o	p	r	o	m	p	t	r	e	a	c	s	w
t	c	v	s	x	n	r	v	v	c	v	d	g	b	g	r	j	b	i	c
m	l	h	d	u	x	d	c	f	c	h	a	r	i	s	m	a	f	v	a
u	y	w	a	d	d	w	u	p	l	h	f	r	c	r	t	g	c	e	p
j	b	j	l	e	i	v	i	c	t	o	r	i	o	u	s	d	d	m	a
f	c	e	t	s	v	b	g	f	g	h	y	t	f	v	s	s	c	k	b
h	d	d	d	s	d	f	m	f	a	a	s	t	h	v	c	d	r	e	l
k	c	g	w	o	r	t	h	w	h	i	l	e	u	j	v	c	z	z	e

positive	prolific	determined	clever	laudable	character
capable	innovative	inspired	engaged	progressive	traits
energetic	hardy	flourish	versatile	brilliantly	worthwhile
resolute	diligent	bold	honest	shine	exudes
joyous	considerate	driven	reliable	charisma	power
	surprise	victorious	jaunty	forge	prompt

Find and circle words listed above. They will be in diagonal, vertical or horizontal. Have fun, take your time. Solution on back

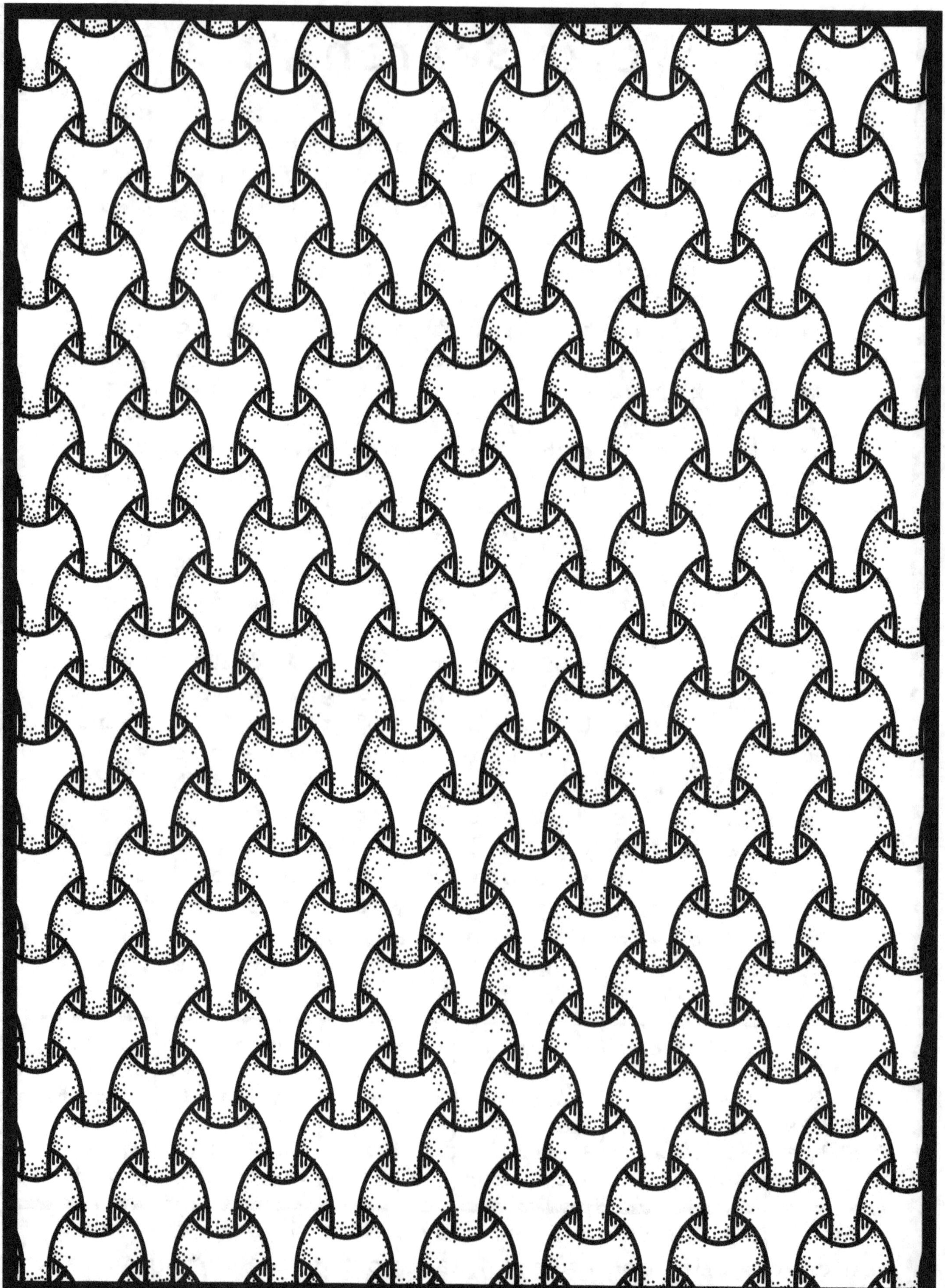

Word Search #2

k c g p e r f e c t i l e u j v c h z e
c h o i c e s a d g k i n d l y b o n h
v m l k v d g h f h i d g k h d s n f g
k b d d w w r u i k n g g t g h j e h r
b l e s s e d h j n t f c b n j g y b e
j k n o o u y w o k e c n n s w e e t f
f r a g r a n c e g r l y j h g g d j i
f g k r k u u j v d e o a w s r f j b n
j c r t y b m p s e s u g v n k y u m e
p o s s i b l y f h t t u b l u s h e d
b m f g j t u i w e k y h f d g h e k h
e m e w r c x p s g h o i t x x n f d m
a e t u t e u s d s l p r o f i l e k l
u n c d f g r j a o f w g h h i a b c d
t d h i y f y l d d t u n s k p u u g i
i h i t c b f a q t o t l x a w t h l g
f x n r g k n g r u p l u s h r i s a l
u d g r l n v f k l k a r w s f r j s m
l s w l a u g h t e r u k n g d i o s q
c b n h d g u j v s e n u h h j p f y n
w c d f d j k o p k j c x s w t s l i t
i l i j e d y r e s d h u g f i y o f r
n y g p r o m o t e c k t r s y r u s e
n y f o i h p c t c r a f t s m a n s a
e s t e x k j s b l k j b k u g v c b s
r j b z t e u a t r e x s w e t o e h u
b j p i j r c c o l o r f u l u g v i r
t f i u t v i y t f y t o p t b h j d e
k j h v h r x e l e v a t e r r d i g h

kindly	profile	fragrance	clout	laughter	colorful
possibly	perfect	spiritual	glassy	trusted	treasure
interest	choice	flashy	blushed	shine	winner
commend	sweet	blessed	honeyed	launch	elevate
refined	luxury	fetching	golden	craftsman	plush
woke	blissful	beautiful	gladder	flounce	promote

Find and circle words listed above. They will be in diagonal, vertical or horizontal. Have fun, take your time. Solution on back

Word Search #3

l	x	c	i	v	g	d	f	a	i	r	l	y	j	h	c	d	w	e	r
a	k	m	m	n	b	f	m	h	m	u	n	b	f	i	n	e	s	s	e
v	n	f	s	m	t	k	d	a	w	n	h	j	v	d	e	y	h	o	l
i	t	w	q	s	z	e	v	n	g	l	g	f	a	a	v	i	u	i	u
s	l	u	x	e	f	s	l	o	q	i	e	t	y	j	i	r	m	c	m
h	g	h	k	l	l	p	p	b	u	m	c	r	e	n	c	r	o	f	i
k	e	e	n	e	s	t	f	l	z	i	v	a	w	m	t	e	r	h	n
f	s	s	a	e	t	y	a	y	c	t	v	o	l	d	o	l	w	r	o
i	b	u	n	i	o	k	l	d	e	e	n	b	u	l	r	e	q	r	s
n	s	a	f	l	j	p	i	y	r	d	s	d	c	v	y	v	c	f	i
v	b	h	j	k	o	i	v	r	e	w	r	g	b	b	c	a	s	r	t
i	c	a	p	t	i	v	e	r	s	f	g	e	n	b	x	n	s	a	y
o	g	h	b	n	m	l	e	o	u	t	e	s	s	f	m	t	k	m	b
l	x	z	v	a	f	h	y	d	w	q	u	d	f	o	j	t	e	d	x
a	c	b	j	i	e	s	x	c	u	o	u	r	d	x	u	b	n	j	y
t	w	a	s	h	b	k	i	i	i	w	a	s	g	h	k	r	b	x	z
e	q	w	t	u	o	r	c	c	s	c	i	x	v	g	f	r	c	h	c
x	s	e	t	h	b	k	a	d	d	w	h	n	m	a	n	a	g	e	d
a	d	c	x	z	l	v	f	n	c	g	b	j	n	k	k	b	b	g	c
s	s	r	r	y	i	d	u	k	t	c	s	f	r	e	s	h	l	y	h
c	y	h	f	v	u	n	u	k	j	o	p	k	e	e	w	b	c	f	d
a	s	c	e	r	t	a	i	n	l	y	i	t	n	v	f	r	y	j	a
l	e	u	k	j	g	f	f	h	k	k	i	l	o	v	e	l	y	m	l
m	h	s	e	c	u	r	e	d	f	s	e	d	x	m	z	c	v	b	i
i	s	j	g	d	s	a	q	w	i	t	y	i	r	n	f	s	s	g	g
n	i	f	t	r	e	a	s	u	r	e	d	a	g	h	n	b	b	b	h
g	w	f	g	h	j	h	q	o	p	k	w	b	c	d	r	y	j	b	t
b	c	c	x	d	d	x	b	n	n	m	n	b	o	u	n	t	y	t	u
o	l	k	g	f	e	d	a	w	e	s	o	m	e	c	m	h	g	k	j

awesome	certainty	luminosity	quickly	alive	calming
bounty	fairly	unlimited	keenest	loved	warmer
treasured	finesse	irrelevant	resource	wonder	vivacious
alight	lavish	intel	managed	wisdom	captive
lovely	luxe	nobly	inviolate	wishes	exquisite
secured	magically	humor	victory	vibrant	freshly

Find and circle words listed above. They will be in diagonal, vertical or horizontal. Have fun, take your time. Solution on back

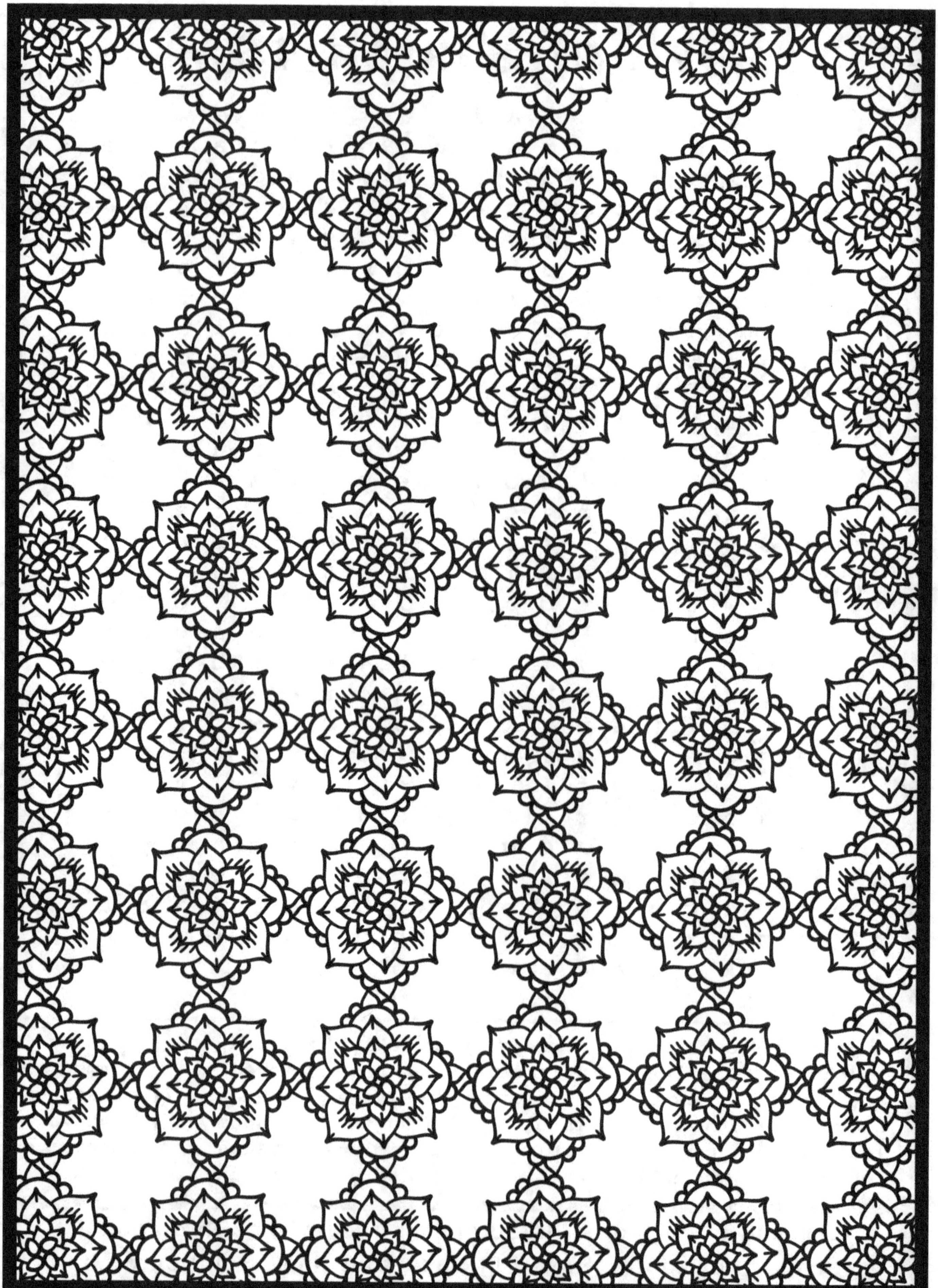

Word Search #4

c e n t e r e d v n c d h u g f z e s t
b r i s k y r d a w a r e n e s s b b g
a h g d e t g v f d g u i n k n o w n c
u s l a w a d m i t t e d i d x h f i d
t g o l a f f l u e n t s e c z a n v y
h h r s e g k l p i h c y w d f t Z b n
o g y d t y h a p p y o e e g u x l c a
r o p j v d e t s f u j d q i s u f y m
i x b c c d g t b b j n n t b s x l v i
t b r i g h t e r s e g i z h g t e y c
y k l p j y h n s t w o t e u s p p h b
c h a r m e d t n w n e d y u o p u g c
d s w e d c v i b h o d s b r a v e r y
h i j i o h p v l y t r o w d a s t e f
e g t y n e u e i j e r b c d g h a o m
x d z o a e d v f b d n h j m j k l h b
p v f u d r z s g y t e a g e r v k m l
e r y n c i s w r t g d w w t j j a f c
r n m g j n e l b i c n i v n i p t k h
t d g e f g w r g b n m k h d f w i y e
i n t r e p i d g l p u r w e z a v e n
s b n h g l e n w t y u j b t n i e k t
e o p u g e i a a d g x z a n w d m g h
y t m n b c x v a d f l a r e d i j o r
p l j g i e d r e a m e r c v b j k m a
f s q t r y i o k n p d a a n r y i j l
v n n k i y g v b b e x s d i w q a s l
b e g h j y t e w d z d c u t e s t v b
g r a c e f u l m o j h f d s a w t c x

centered	livened	enticing	zest	younger	intrepid
attentive	invented	dynamic	known	charmed	cutest
braver	dreamer	graceful	intended	authority	glory
brighter	blushed	enthrall	cheering	invincible	affluent
noted	intuition	flared	expertise	talkative	admitted
eager	awareness	happy	robustly	brisk	buoyed

Find and circle words listed above. They will be in diagonal, vertical or horizontal. Have fun, take your time. Solution on back

FILL'A BOX PICTURE CAPTURE #1

Use the numbers given to color in the blocks. The boxes for numbers followed by a letter "b" should be marked with an X. The numbers followed by a letter "c" should be filled in completely. The first row is filled with x's. When finished you will find a hidden image.

The Solution on Back

1. blank
2. 19b, 5c, 9b
3. 18b, 2c, 4b, 2c, 7b
4. 17b, 2c, 7b, 1c, 6b
5. 16b, 1c, 4b, 1c, 5b, 1c, 5b
6. 15b, 1c, 4b, 3c, 4b, 1c, 5b
7. 15b, 1c, 2b, 2c, 3b, 1c, 3b, 1c, 5b
8. 14b, 1c, 1b, 2c, 6b, 1c, 1b, 6c, 1b
9. 13b, 1c, 3b, 1c, 6b, 2c, 1b, 1c, 3b, 1c, 1b
10. 13b, 1c, 2b, 2c, 7b, 1c, 6b, 1c,
11. 13b, 1c, 1b, 1c, 2b, 1c, 7b, 3c, 3b, 1c,
12. 13b, 1c, 1b, 1c, 3b, 1c, 3b, 1c, 3b, 1c, 1b, 1c
13. 13b, 2c, 1b, 1c, 3b, 4c, 3b, 1c, 2b, 3c
14. 14b, 1c, 2b, 2c, 4b, 1c, 3b, 5c, 1b
15. 14b, 1c, 4b, 1c, 1b, 3c, 5b, 1c, 2b, 1c
16. 11b, 1c, 3b, 2c, 3b, 2c, 7b, 2c, 1b, 1c
17. 11b, 2c, 4b, 2c, 1b, 1c, 1b, 1c, 2b, 1c
18. 1b, 1c, 9b, 2c, 6b, 2c, 1b, 7c, 1b, 1c, 1b, 1c
19. 1b, 2c, 7b, 1c, 1b, 1c, 7b, 1c, 9b, 1c, 1b, 1c
20. 1c, 1b, 1c, 7b, 1c, 2b, 1c, 6b, 1c, 9b, 1c, 1b,
21. 1c, 2b, 1c, 5b, 1c, 3b, 1c, 6b, 2c, 7b, 2c, 1b, 1c
22. 1c, 2b, 1c, 5b, 1c, 3b, 1c, 7b, 1c, 7b, 1c, 2b, 1c
23. 1c, 3b, 1c, 3b, 1c, 4b, 1c, 8b, 2c, 3b, 2c
24. 1c, 4b, 1c, 2b, 1c, 4b, 1c, 7b, 1c, 7b, 2c, 2b
25. 1c, 5b, 2c, 5b, 1c, 6b, 2c, 8b, 1c, 2b
26. 1b, 1c, 4b, 1c, 6b, 1c, 5b, 1c, 10b, 1c, 2b
27. 1b, 1c, 5b, 1c, 5b, 1c, 4b, 2c, 10b, 1c, 2b
28. 1b, 1c, 5b, 1c, 4b, 1c, 4b, 1c, 12b, 1c, 2b
29. 1b, 1c, 6b, 1c, 3b, 1c, 3b, 2c, 12b, 1c, 2b
30. 1b, 1c, 6b, 1c, 3b, 1c, 2b, 1c, 14b, 1c, 2b
31. 2b, 1c, 8b, 1c, 2b, 1c, 14b, 1c, 3b
32. 2b, 1c, 8b, 1c, 2b, 1c, 14b, 3c, 1b
33. 2b, 1c, 7b, 1c, 2b, 1c, 14b, 1c, 3b, 1c
34. 3b, 1c, 5b, 1c, 3b, 1c, 13b, 2c, 4b
35. 3b, 1c, 4b, 1c, 4b, 1c, 5b, 8c, 2b, 2c, 2b
36. 4b, 1c, 4b, 1c, 2b, 1c, 7b, 1c, 7b, 1c, 2b, 2c
37. 5b, 1c, 4b, 2c, 8b, 1c, 5b, 2c, 5b
38. 5b, 1c, 13b, 1c, 2b, 4c, 7b
39. 6b, 1c, 12b, 1c, 1b, 1c, 11b
40. 5b, 1c, 1b, 1c, 10b, 1c, 1b, 1c, 12b
41. 3b, 2c, 3b, 3c, 4b, 3c, 1b, 1c, 13b
42. 2b, 2c, 7b, 4c, 3b, 1c, 14b

FILL'A BOX PICTURE CAPTURE #1

**Use the numbers given to color in the blocks.
The boxes for numbers followed by a letter "b" should be marked with an X. The numbers followed by a letter "c" should be filled in completely. The first row is filled with x's. When finished you will find a hidden image.**

The Solution on Back

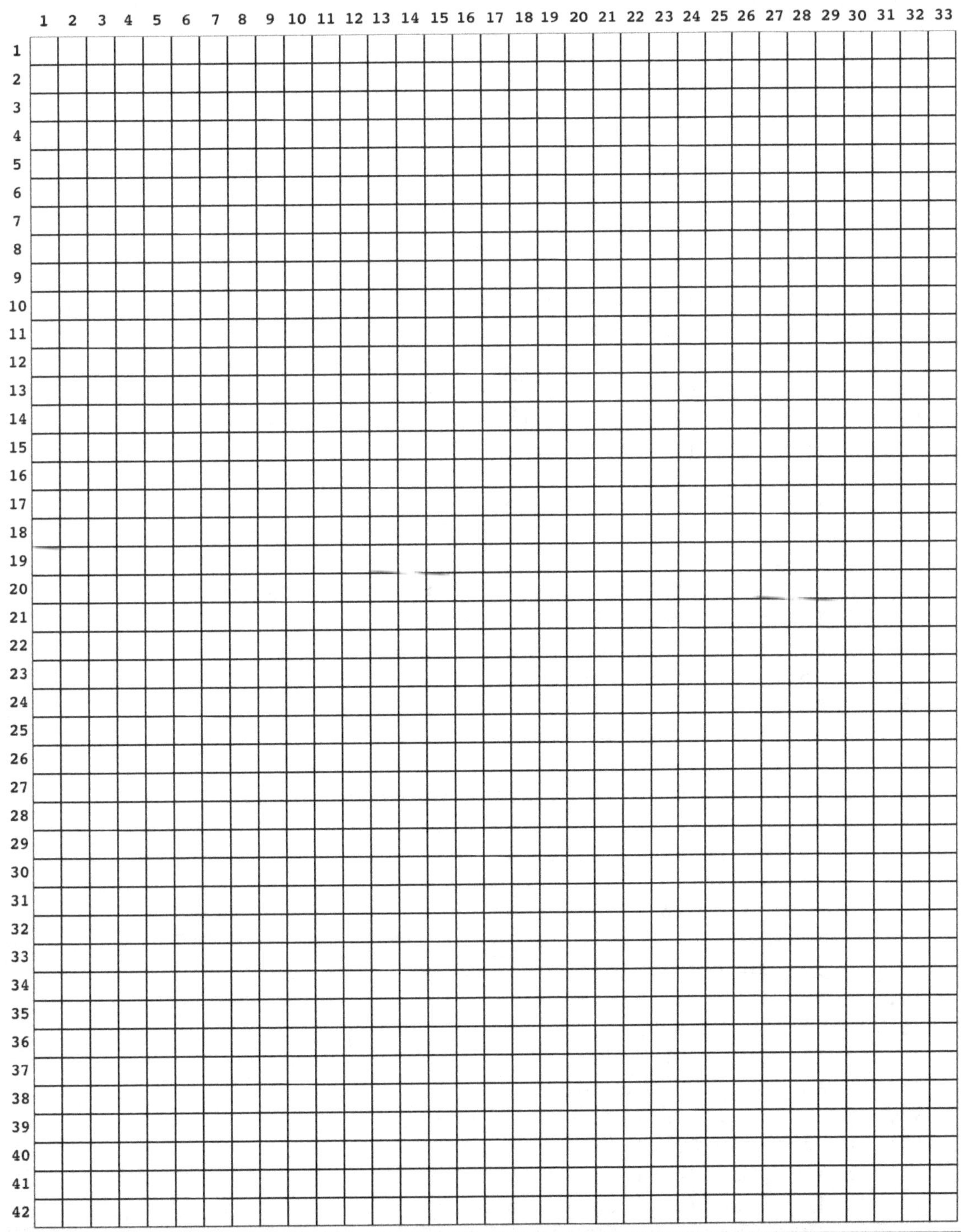

FILL'A BOX PICTURE CAPTURE #2

**Use the numbers given to color in the blocks.
The boxes for numbers followed by a letter "b" should be marked with an X. The numbers followed by a letter "c" should be filled in completely. The first row is filled with x's. When finished you will find a hidden image.**

The Solution on Back

1. blank
2. 13b 8c 12b
3. 11b 2c 8b 2c 10b
4. 10b 1c 1b 1c 10b 1c 9b
5. 8b 2c 3b 1c 10b 1c 8b
6. 7b 1c 1b 1c 4b 2c 9b 1c 7b
7. 6b 1c 1b 1c 4b 2c 2b 7c 1b 7c
8. 5b 1c 1b 1c 4b 1c 2b 1c 2b 5c 1b 3c 6b
9. 4b 1c 2b 1c 3b 1c 3b 1c 7b 1c 2b 1c 6b
10. 3b 1c 3b 1c 2b 1c 3b 1c 8b 1c 2b 1c 6b
11. 3b 1c 2b 1c 3b 1c 3b 4c 3b 3c 3b 1c 5b
12. 3b 1c 2b 1c 2b 1c 4b 1c 3b 1c 1b 1c 3b 1c 2b 1c 5b
13. 3b 1c 2b 1c 2b 1c 3b 1c 1b 4c 1b 1c 1b 3c 2b 1c 5b
14. 3b 1c 2b 1c 2b 1c 3b 1c 2b 1c 3b 1c 2b 2c 2b 1c 5b
15. 3b 1c 2b 1c 1b 1c 3b 1c 7b 1c 3b 1c 1b 1c 1b 1c 4b
16. 3b 1c 2b 1c 1b 2c 1b 1c 1b 6c 1b 3c 1b 1c 1b 1c 1b 4c
17. 2b 1c 3b 1c 1b 1c 2b 1c 2b 1c 3b 2c 3b 1c 2b 1c 1b 1c 4b
18. 2b 1c 2b 1c 2b 1c 2b 1c 1b 1c 1b 2c 1b 1c 1b 4c
19. 2b 1c 2b 1c 1b 1c 2b 1c 1b 1c 4b 4c 2b 1c 2b 1c 2b 4c
20. 2c 3b 1c 1b 1c 2b 1c 1b 1c 5b 2c 2b 1c 2b 1c 3b 1c 3c
21. 1b 1c 3b 1c 1b 1c 1b 1c 3b 1c 8b 1c 2b 1c 2b 1c 4b
22. 1b 1c 2b 1c 3b 1c 1b 1c 3b 2c 5b 1c 3b 1c 2b 1c 4b
23. 1c 3b 1c 2b 2c 7b 6c 2b 1c 2b 1c 5b
24. 1c 3b 3c 1b 1c 11b 1c 1b 1c 1b 1c 2b 1c 5b
25. 1b 3c 2b 1c 2b 2c 9b 1c 1b 3c 1b 1c 6b
26. 1c 6b 1c 2b 2c 9b 1c 1b 1c 1b 1c 6b
27. 1c 7b 1c 3b 2c 4b 3c 1b 1c 1b 1c 1b 1c 6b
28. 1b 1c 7b 2c 3b 4c 3b 1c 2b 1c 2b 1c 5b
29. 2b 1c 8b 2c 7b 1c 2b 1c 4b 1c 4b
30. 2b 1c 10b 2c 4b 1c 2b 1c 6b 1c 3b
31. 3b 1c 11b 1c 2b 1c 2b 1c 7b 1c 3b
32. 3b 1c 12b 2c 2b 1c 9b 1c 2b
33. 4b 1c 12b 1c 1b 1c 1b 1c 2b
34. 4b 1c 13b 1c 11b 2c 1b
35. 4b 1c 14b 1c 10b 1c 1b 1c
36. 4b 1c 15b 1c 9b 1c 2b
37. 5b 1c 15b 1c 8b 1c 2b
38. 5b 1c 15b 1c 9b 1c 1b
39. 5b 1c 16b 1c 8b 1c 1b
40. 4b 1c 1b 1c 11b 1c 3b 1c 8b 1c 1b
41. 4b 1c 1b 1c 10b 1c 5b 1c 8b 1c
42. 4b 1c 2b 2c 7b 1c 6b 3c 6b 1c

FILL'A BOX PICTURE CAPTURE #2

Use the numbers given to color in the blocks. The boxes for numbers followed by a letter "b" should be marked with an X. The numbers followed by a letter "c" should be filled in completely. The first row is filled with x's. When finished you will find a hidden image.

The Solution on Back

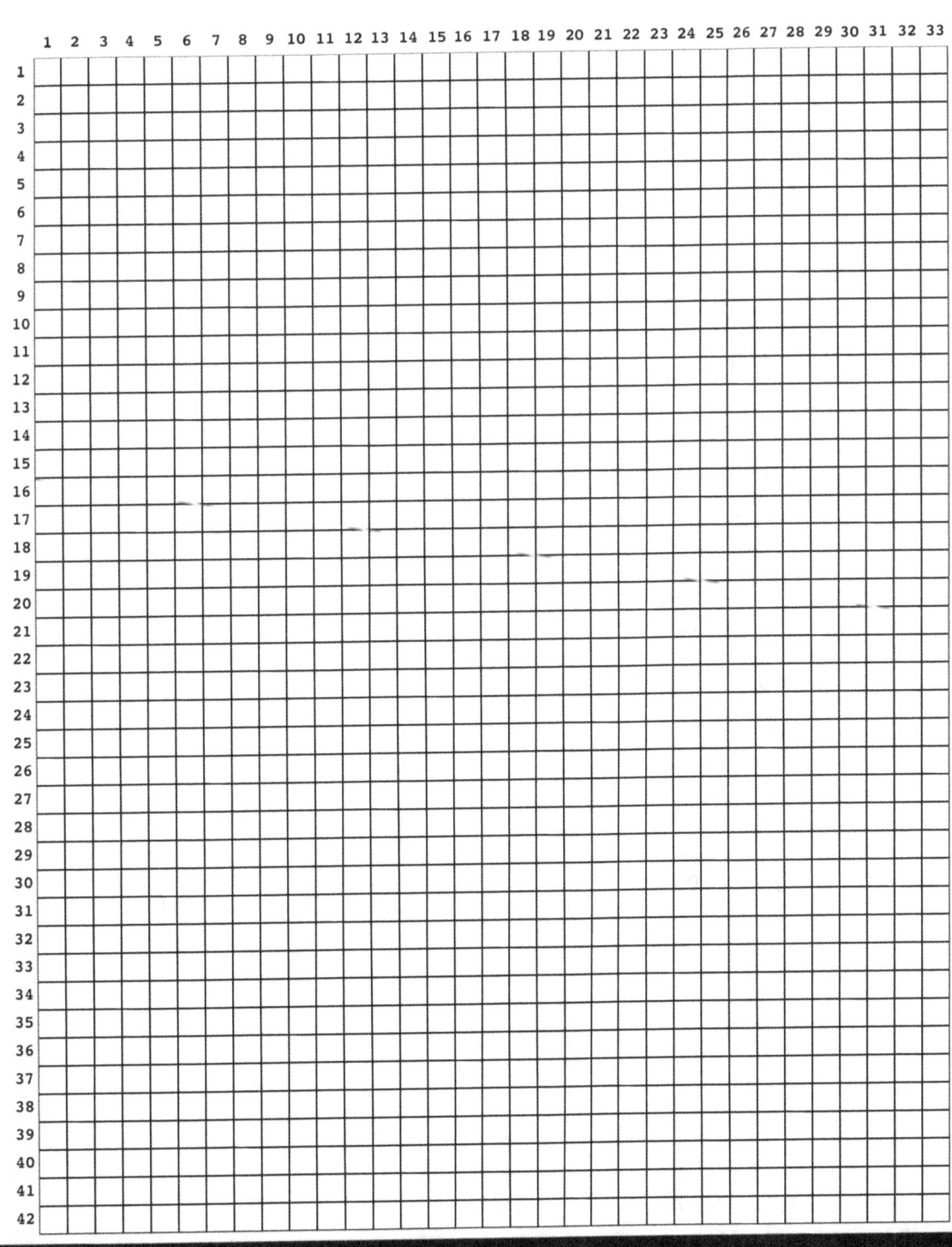

	1	2	3	4	5	6	7	8	9	10	11	12	13	14	15	16	17	18	19	20	21	22	23	24	25	26	27	28	29	30	31	32	33
1																																	
2																																	
3																																	
4																																	
5																																	
6																																	
7																																	
8																																	
9																																	
10																																	
11																																	
12																																	
13																																	
14																																	
15																																	
16																																	
17																																	
18																																	
19																																	
20																																	
21																																	
22																																	
23																																	
24																																	
25																																	
26																																	
27																																	
28																																	
29																																	
30																																	
31																																	
32																																	
33																																	
34																																	
35																																	
36																																	
37																																	
38																																	
39																																	
40																																	
41																																	
42																																	

FILL'A BOX PICTURE CAPTURE #3

**Use the numbers given to color in the blocks.
The boxes for numbers followed by a letter "b" should be marked with an X. The numbers followed by a letter "c" should be filled in completely. The first row is filled with x's. When finished you will find a hidden image.**

The Solution on Back

1. 1c 3b 1c 11b 1c 1b 1c 1b 4c
2. 1b 1c 1b 1c 11b 1c 3b 1c 7b 1c 5b
3. 2b 1c 7b 1c 4b 1c 3b 1c 7b 1c 5b
4. 10b 1c 5b 1c 1b 1c 7b 3c 4b
5. 9b 3c 5b 1c 8b 1c 1b 1c 4b
6. 9b 1c 1b 1c 13b 1c 3b 1c 3b
7. 8b 1c 3b 1c 12b 1c 3b 1c 3b
8. 8b 1c 3b 1c 13b 1c 1b 1c 4b
9. 9b 1c 1b 1c 4b 7c 4b 1c 5b
10. 10b 1c 2b 3c 7b 4c 6b
11. 11b 2c 3b 1c 10b 2c 4b
12. 9b 2c 6b 2c 10b 1c 3b
13. 8b 1c 1b 1c 8b 2c 9b 1c 2b
14. 7b 1c 2b 1c 10b 2c 8b 1c 1b
15. 6b 1c 3b 1c 11b 1c 9b 1c
16. 6b 1c 3b 1c 12b 1c 4b 5c
17. 5b 1c 3b 1c 14b 1c 1b 2c 4b 1c
18. 5b 1c 3b 1c 15b 1c 7b
19. 4b 1c 4b 1c 15b 1c 7b
20. 4b 1c 3b 1c 15b 1c 8b
21. 4b 1c 3b 1c 12b 3c 9b
22. 3b 1c 4b 1c 10b 2c 2b 1c 9b
23. 3b 1c 4b 1c 9b 1c 5b 1c 8b
24. 3b 1c 4b 1c 7b 2c 6b 2c 7b
25. 3b 1c 4b 1c 4b 4c 8b 1c 7b
26. 2b 1c 5b 1c 3b 2c 10b 2c 7b
27. 2b 1c 5b 1c 2b 1c 1b 1c 8b 2c 1b 2c 6b
28. 2b 1c 5b 1c 2b 1c 1b 1c 6b 3c 2b 1c 1b 1c 1b 2c 2b
29. 2b 1c 3b 1c 1b 1c 1b 1c 9b 1c 2b 1c 2b 1c 2b 1c 1b
30. 3b 1c 5b 2c 1b 1c 9b 1c 2b 1c 2b 2c 1b 1c 1b
31. 3b 1c 3b 4c 1b 1c 9b 3c 2b 2c 2b 1c 1b
32. 3b 1c 1b 2c 5b 1c 7b 3c 3b 2c 1b 3c 1b
33. 4b 1c 6b 4c 1b 4c 2b 1c 1b 2c 4b 1c 1b 1c
34. 4b 1c 10b 1c 7b 1c 5b 1c 3b
35. 13b 2c 3b 1c 5b 1c 3b 1c 4b
36. 9b 4c 1b 1c 2b 1c 1b 1c 5b 1c 1b 1c 1b 1c 3b
37. 4b 5c 4b 1c 2b 1c 3b 1c 4b 2c 3b 2c 1b
38. 4c 9b 1c 1b 1c 5b 1b 4c 1b 5c 1b
39. 12b 1c 2b 1c 5b 1c 4b 1c 6b
40. 12b 1c 2b 1c 5b 1c 4b 1c 6b
41. 12b 1c 2b 1c 4b 1c 4b 1c 7b
42. 12b 1c 2b 1c 4b 1c 4b 1c 7b

FILL'A BOX PICTURE CAPTURE #3

Use the numbers given to color in the blocks. The boxes for numbers followed by a letter "b" should be marked with an X. The numbers followed by a letter "c" should be filled in completely. The first row is filled with x's. When finished you will find a hidden image.

The Solution on Back

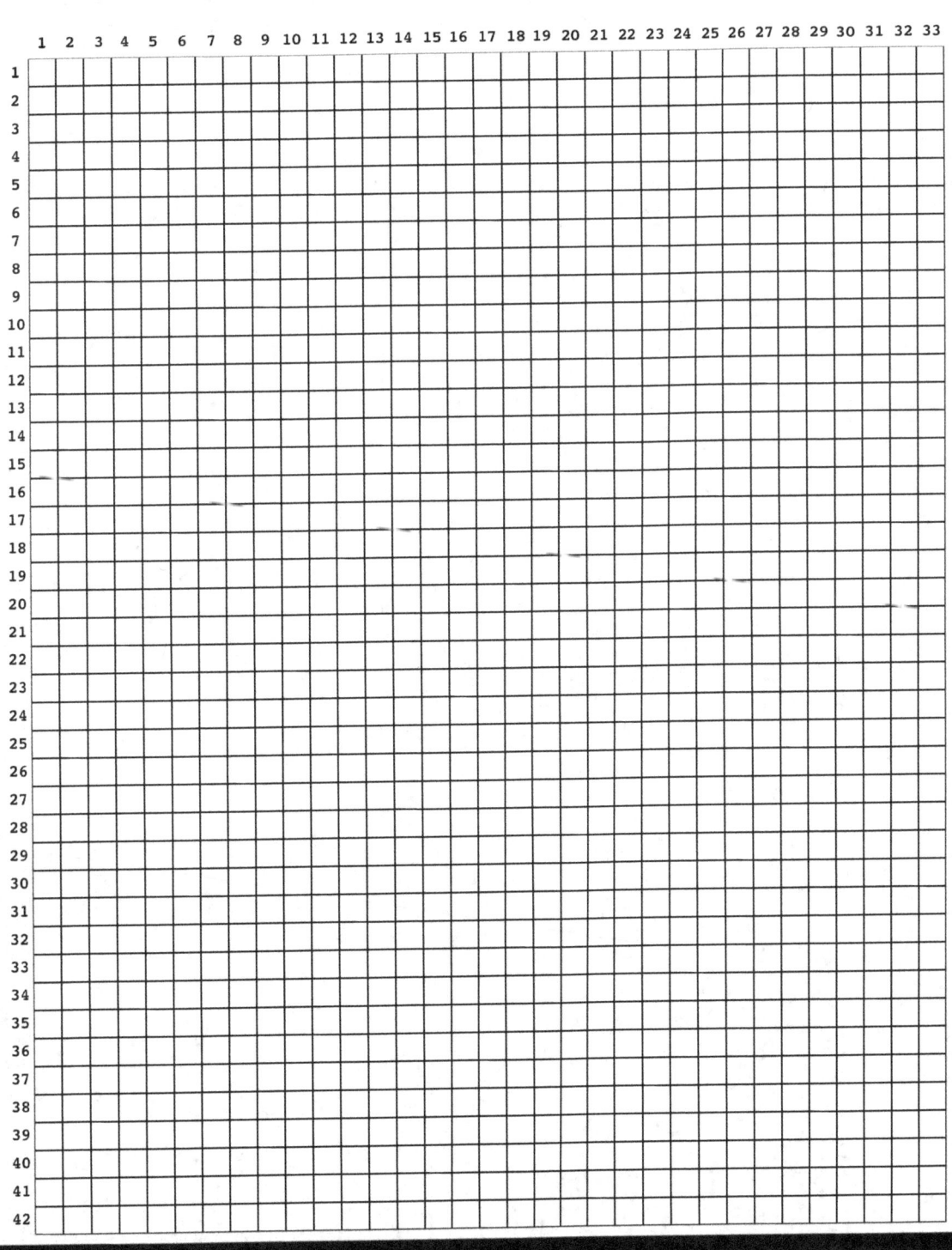

	1	2	3	4	5	6	7	8	9	10	11	12	13	14	15	16	17	18	19	20	21	22	23	24	25	26	27	28	29	30	31	32	33
1																																	
2																																	
3																																	
4																																	
5																																	
6																																	
7																																	
8																																	
9																																	
10																																	
11																																	
12																																	
13																																	
14																																	
15																																	
16																																	
17																																	
18																																	
19																																	
20																																	
21																																	
22																																	
23																																	
24																																	
25																																	
26																																	
27																																	
28																																	
29																																	
30																																	
31																																	
32																																	
33																																	
34																																	
35																																	
36																																	
37																																	
38																																	
39																																	
40																																	
41																																	
42																																	

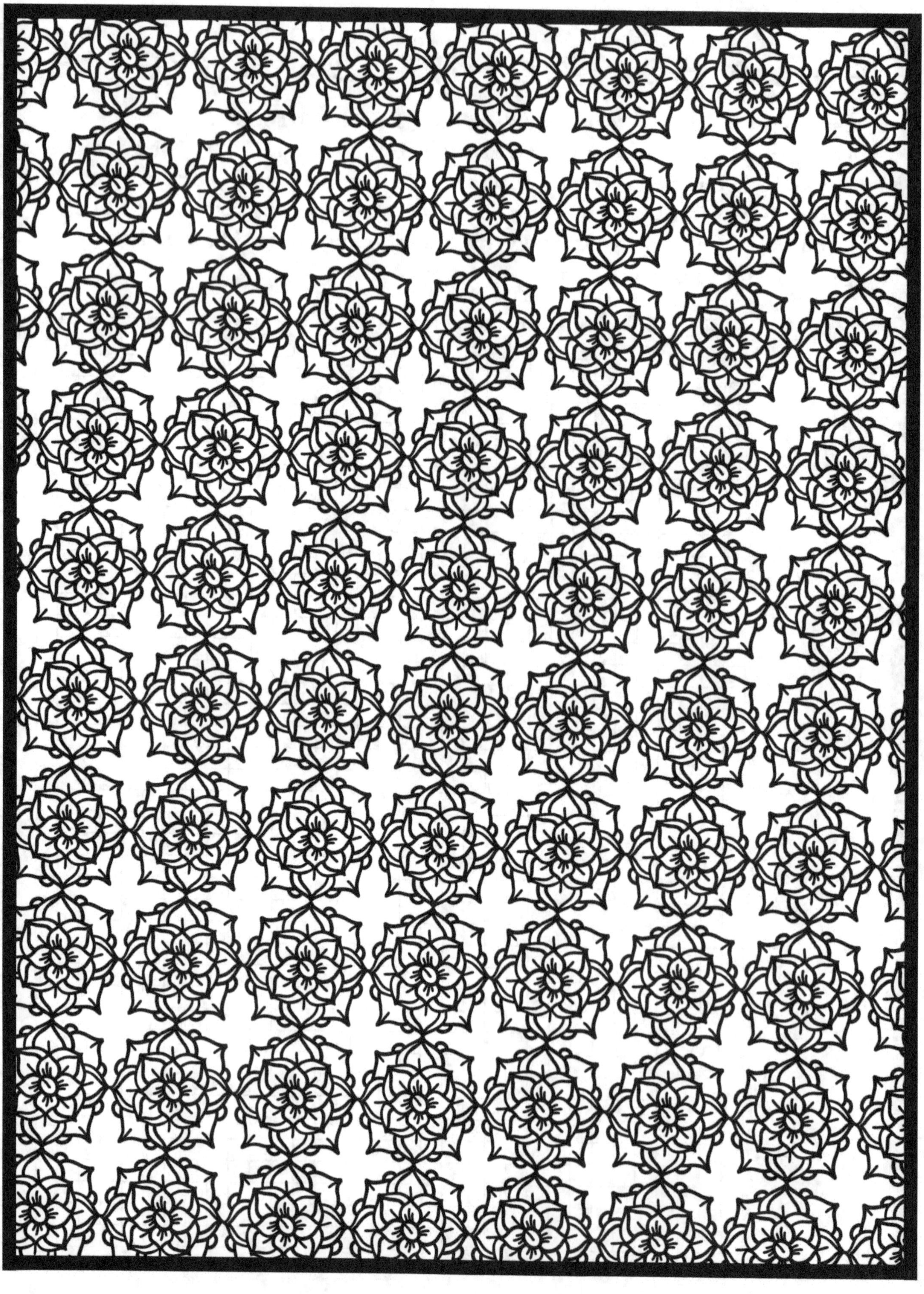

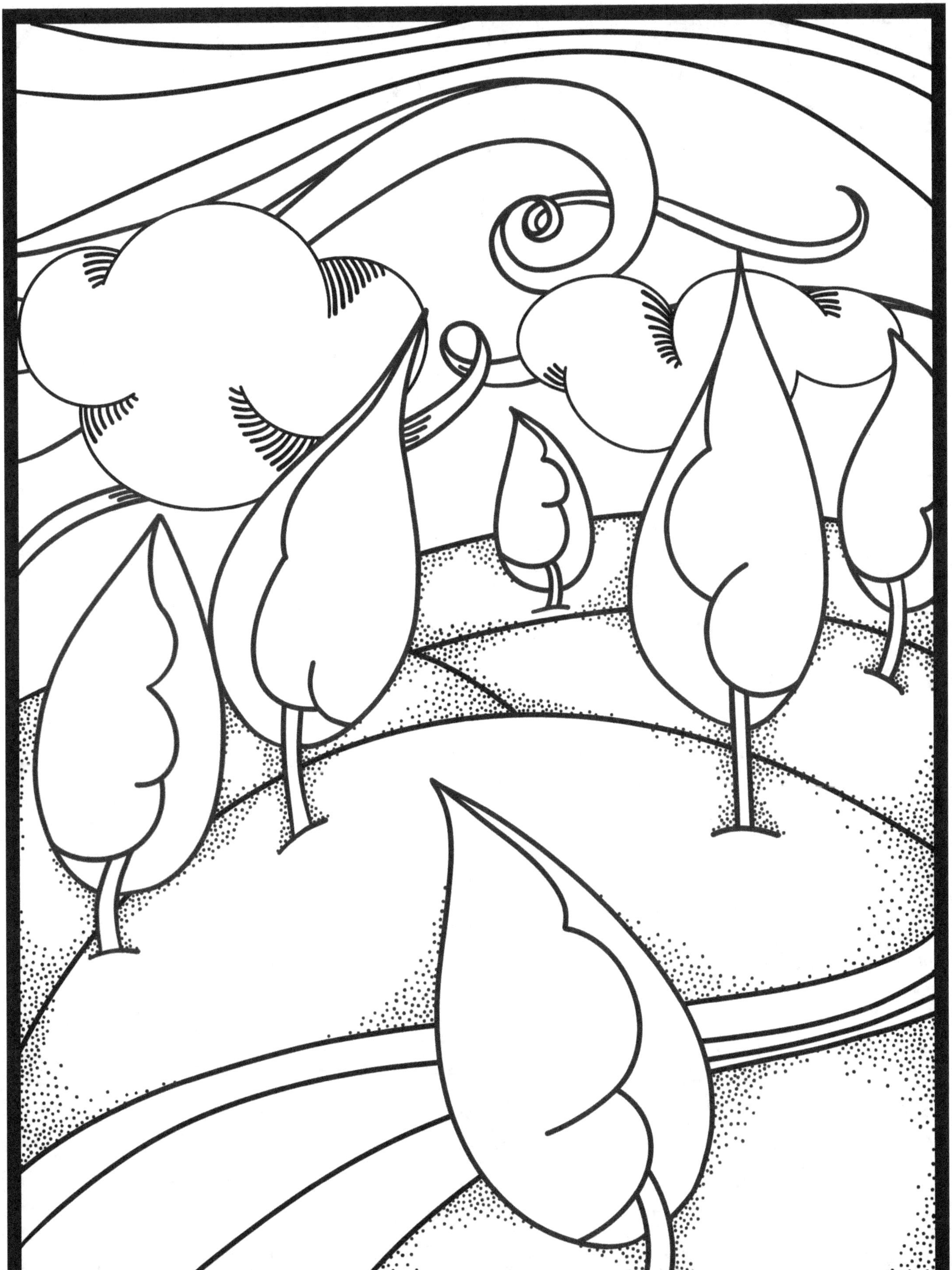

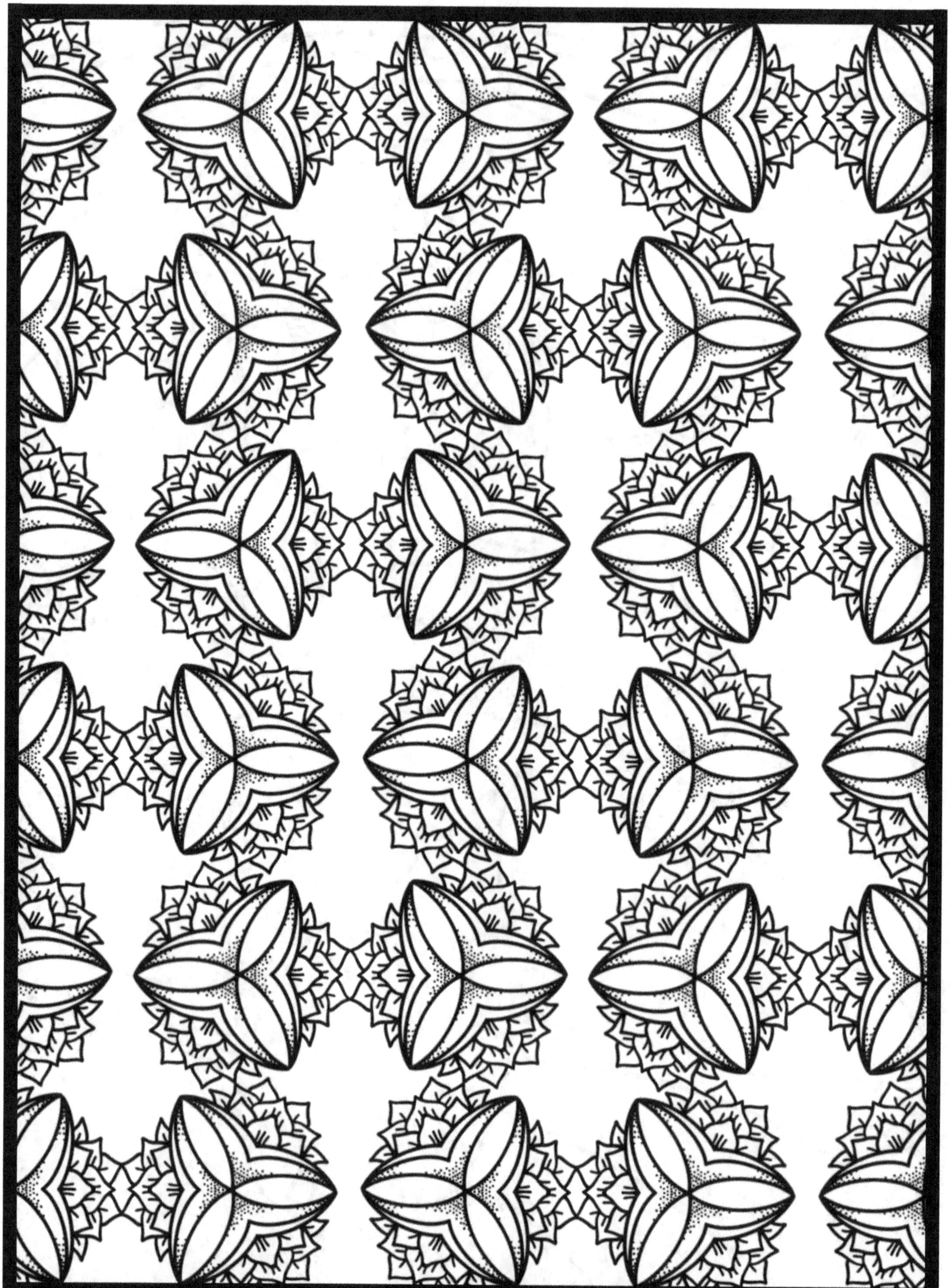

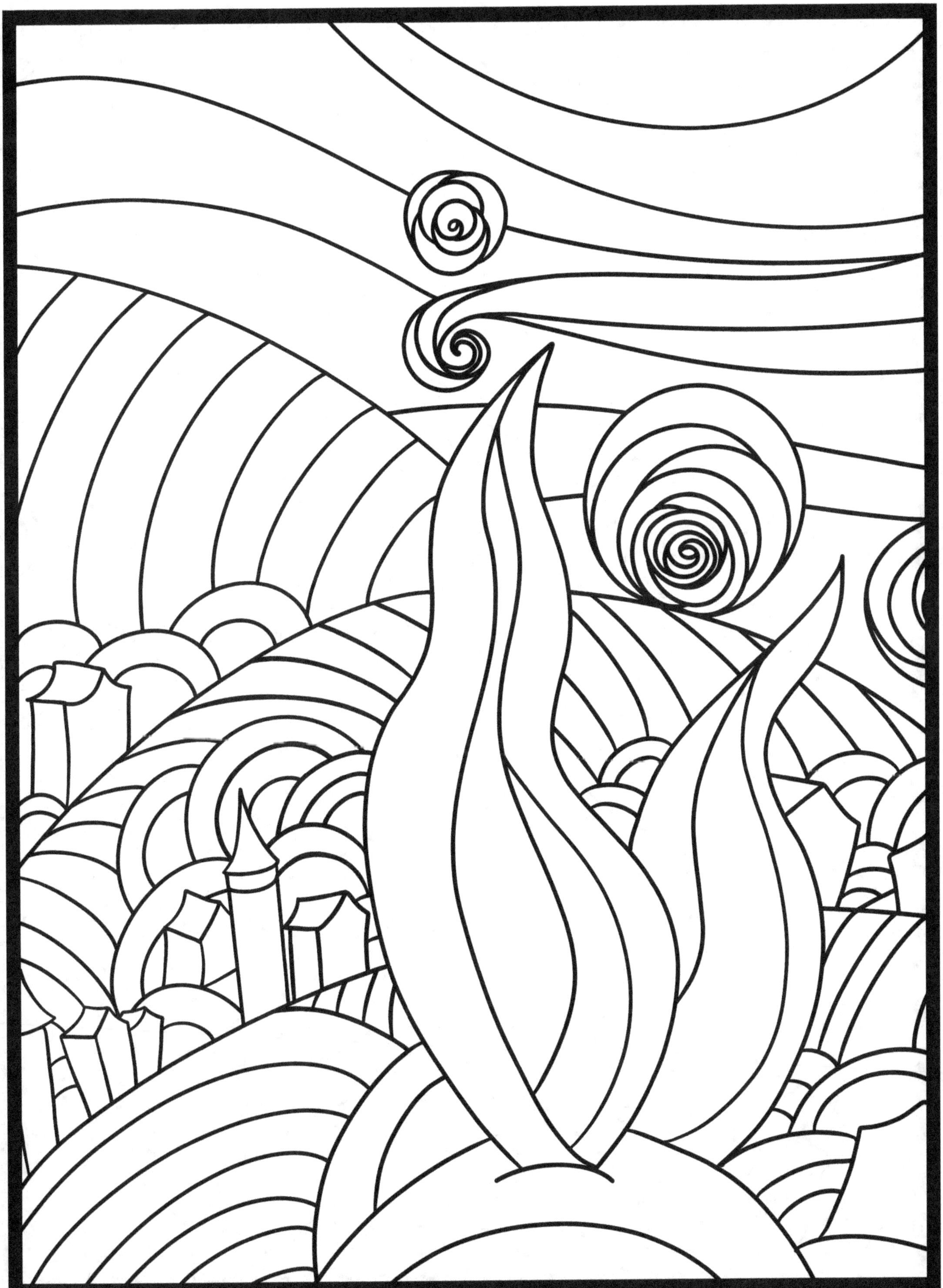

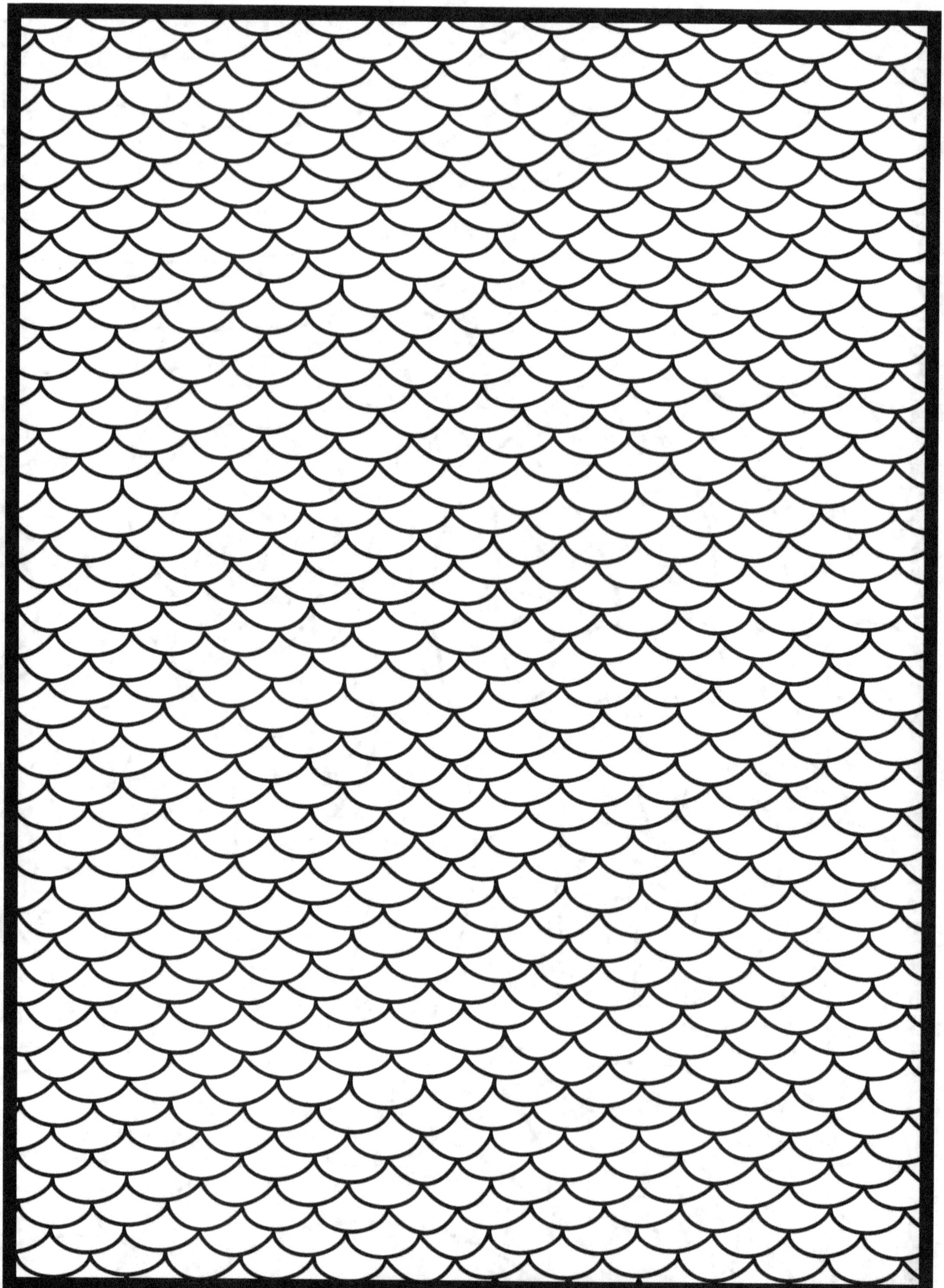

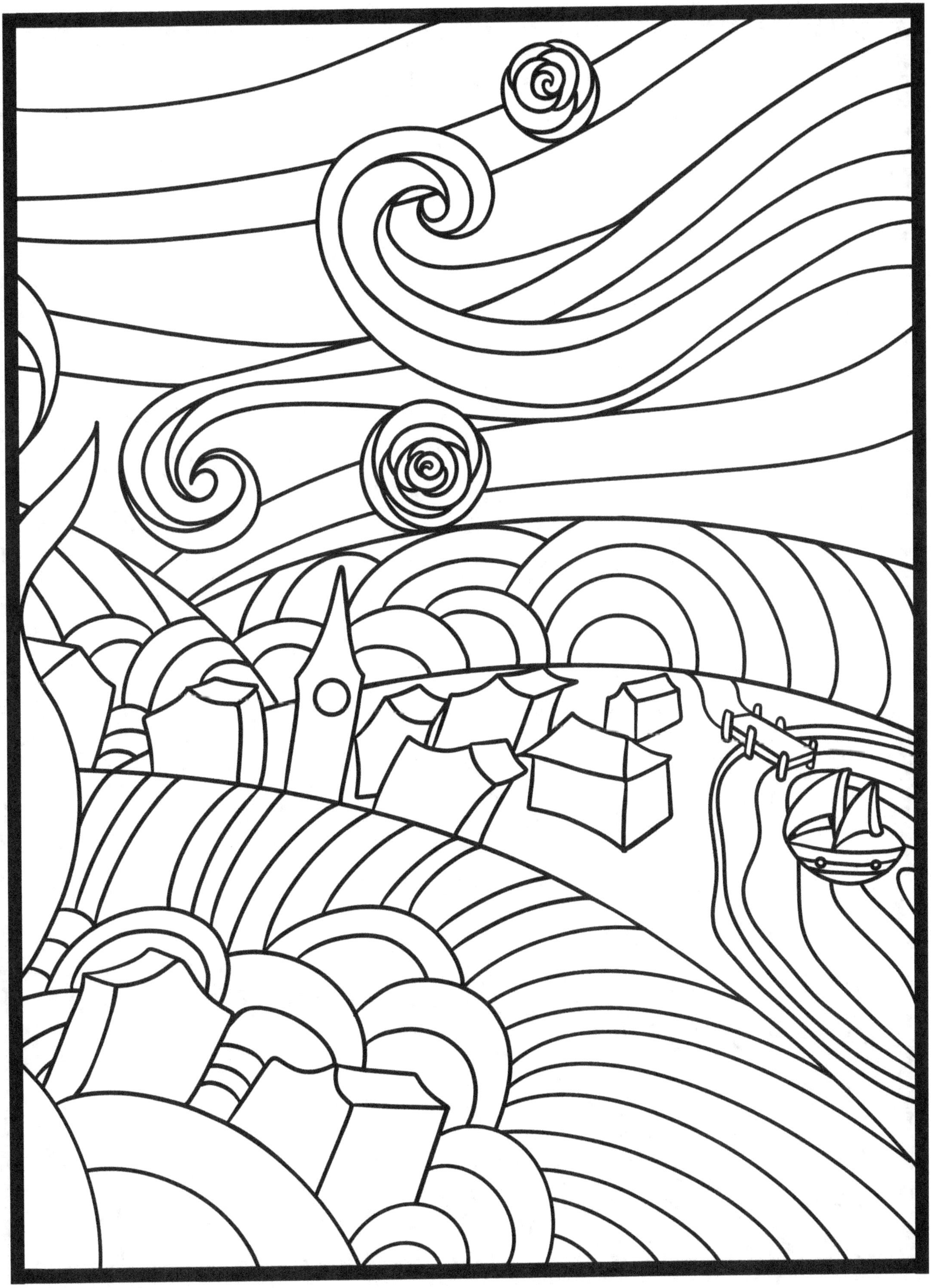

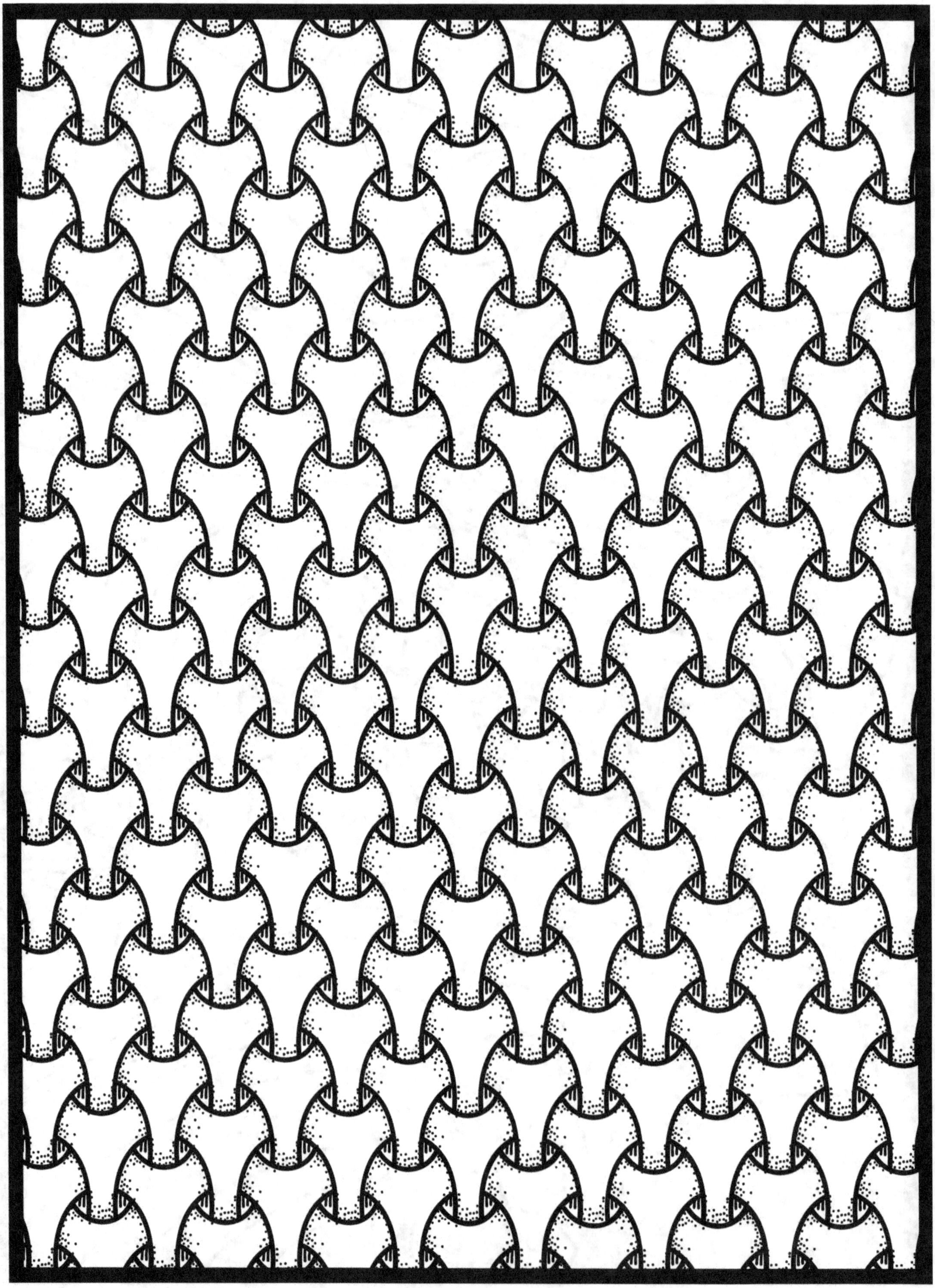

LETTER CODES

BOX#1

A	B	C	D	E	F	G	H	I	J	K	L	M

N	O	P	Q	R	S	T	U	V	W	X	Y	Z
						5						

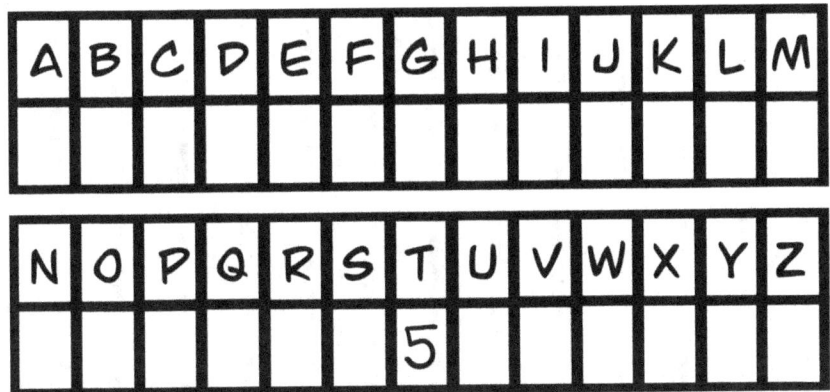

DECODE THE LETTERS IN THE RIGHT SEQUENCE TO UNDERSTAND THE HIDDEN MESSAGE.
ONE LETTER IS DECODED FOR YOU AND A SHORT CLUE TO HELP YOU UNDERSTAND.

18 12 5   24 6 3 2   17 20 15 18 12   23 10 8 1 4 12

5 10 12   22 6 2 18 14   11 3 5   14 6 1 5   18 12 5

5 10 12   22 6 2 18 14   23 10 8 1 4 12   24 6 3 2

17 20 15 18 12

HERE'S A CLUE TO THE PUZZLE:

HAPPINESS AS A GOAL AND IT'S OUTCOME .

SOLUTION IS ON BACK

LETTER CODES

BOX#2

A	B	C	D	E	F	G	H	I	J	K	L	M
21												

N	O	P	Q	R	S	T	U	V	W	X	Y	Z

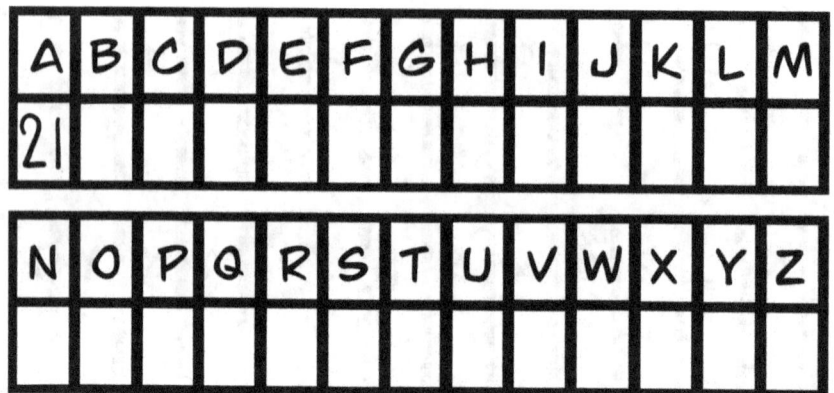

DECODE THE LETTERS IN THE RIGHT SEQUENCE TO UNDERSTAND THE HIDDEN MESSAGE. ONE LETTER IS DECODED FOR YOU AND A SHORT CLUE TO HELP YOU UNDERSTAND.

22 17 1 16 1 ' 15   12 8   1 25 1 20 21 22 8 16   22 8

15 4 7 7 1 15 15   24 8 4   17 21 20 1   22 8

22 21 26 1   22 17 1   15 22 21 19 16 15   12 8 10   14 1 22

14 8 19 12 14

HERE'S A CLUE TO THE PUZZLE:

YOU'LL REACH IT, ONE STEP AT A TIME.

SOLUTION IS ON BACK

LETTER CODES

BOX#3

A	B	C	D	E	F	G	H	I	J	K	L	M

N	O	P	Q	R	S	T	U	V	W	X	Y	Z
				1								

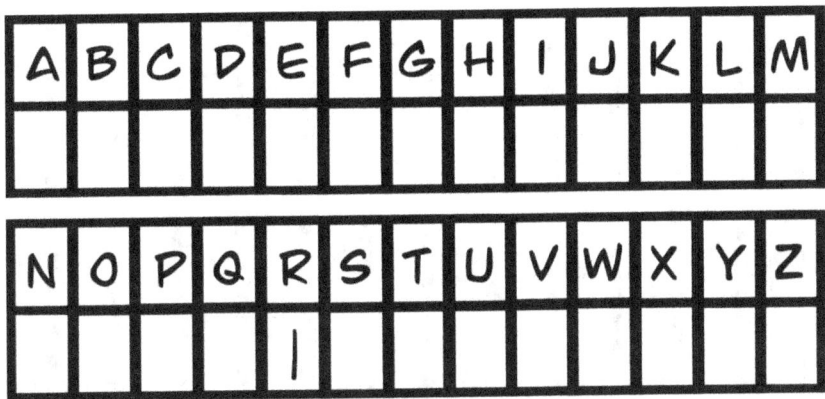

DECODE THE LETTERS IN THE RIGHT SEQUENCE TO UNDERSTAND THE HIDDEN MESSAGE. ONE LETTER IS DECODED FOR YOU AND A SHORT CLUE TO HELP YOU UNDERSTAND.

19 24 11 1 13   2 1 10 3   12 24 17 15 24 1 6 11 12

19 18 16 24   2 10 1   15 10 6 11 12   11 13 6

7 10 8 24   2 10 1   15 10 3 10 1 1 10 23

HERE'S A CLUE TO THE PUZZLE:

EINSTEIN SAID IT AND IT APPLIES TO 2020

SOLUTION IS ON BACK

LETTER CODES

BOX#4

A	B	C	D	E	F	G	H	I	J	K	L	M

N	O	P	Q	R	S	T	U	V	W	X	Y	Z
					2							

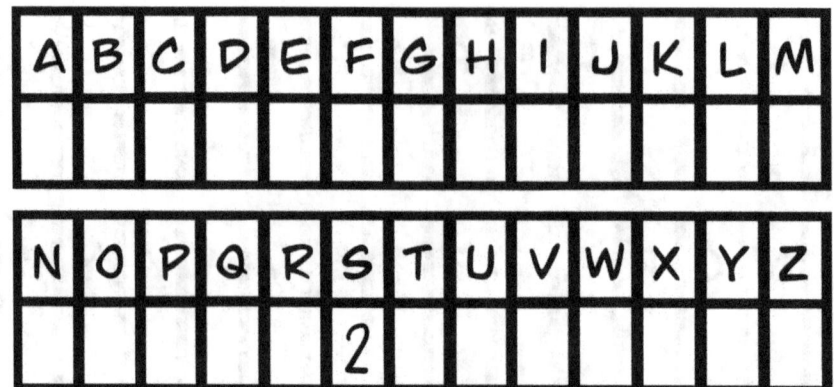

DECODE THE LETTERS IN THE RIGHT SEQUENCE TO UNDERSTAND THE HIDDEN MESSAGE.
ONE LETTER IS DECODED FOR YOU AND A SHORT CLUE TO HELP YOU UNDERSTAND.

7 23 6 26 17 2 6 26 23 6 16 22 17 19 1 ,

16 19 9 26 6 11 23 17 2 6 14 23 16 17 2 17 19 1 .

2 19 4 23 18 9 17 22 14 23 16 17 14 23 .

HERE'S A CLUE TO THE PUZZLE:
THIS KEEPS US AWAKE,
BUT THIS MAKES US STRONGER.

SOLUTION IS ON BACK

LETTER CODES

BOX#5

A	B	C	D	E	F	G	H	I	J	K	L	M

N	O	P	Q	R	S	T	U	V	W	X	Y	Z
5												

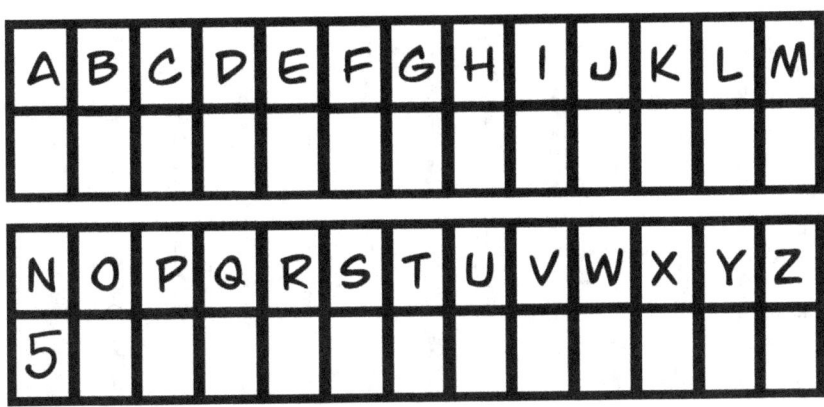

DECODE THE LETTERS IN THE RIGHT SEQUENCE TO UNDERSTAND THE HIDDEN MESSAGE. ONE LETTER IS DECODED FOR YOU AND A SHORT CLUE TO HELP YOU UNDERSTAND.

10 21 10 9 20   5 10 18   6 3 20   13 4   3

24 23 10 4 4 13 5 15   3 5 6   12 19 9   10 21 10 9 20

24 23 10 4 4 13 5 15   18 10   1 26 4 14   24 10

14 8 3 5 2 12 26 23

HERE'S A CLUE TO THE PUZZLE:
COUNT YOURS AND NEVER FORGET.

SOLUTION IS ON BACK

LETTER CODES

BOX#6

A	B	C	D	E	F	G	H	I	J	K	L	M

N	O	P	Q	R	S	T	U	V	W	X	Y	Z
					13							

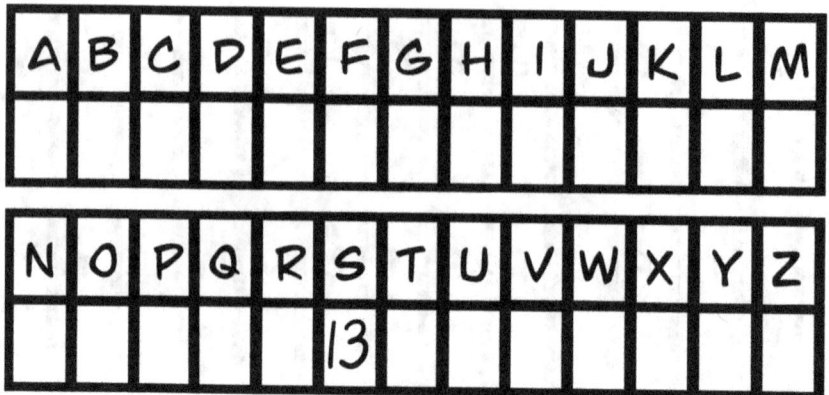

DECODE THE LETTERS IN THE RIGHT SEQUENCE TO UNDERSTAND THE HIDDEN MESSAGE. ONE LETTER IS DECODED FOR YOU AND A SHORT CLUE TO HELP YOU UNDERSTAND.

23 6   14 25 2   15 22 20   7 1 15 24   14 25 2

24 1 23 9 3'   24 1 20 9   7 1 15 24

13 24 25 4 13   2 13   23 13   8 2 24   15

17 15 16 3   25 6   23 5 15 19 23 9 15 24 23 25 9.

HERE'S A CLUE TO THE PUZZLE:
WE ARE THE CREATORS OF OUR REALITY.

SOLUTION IS ON BACK

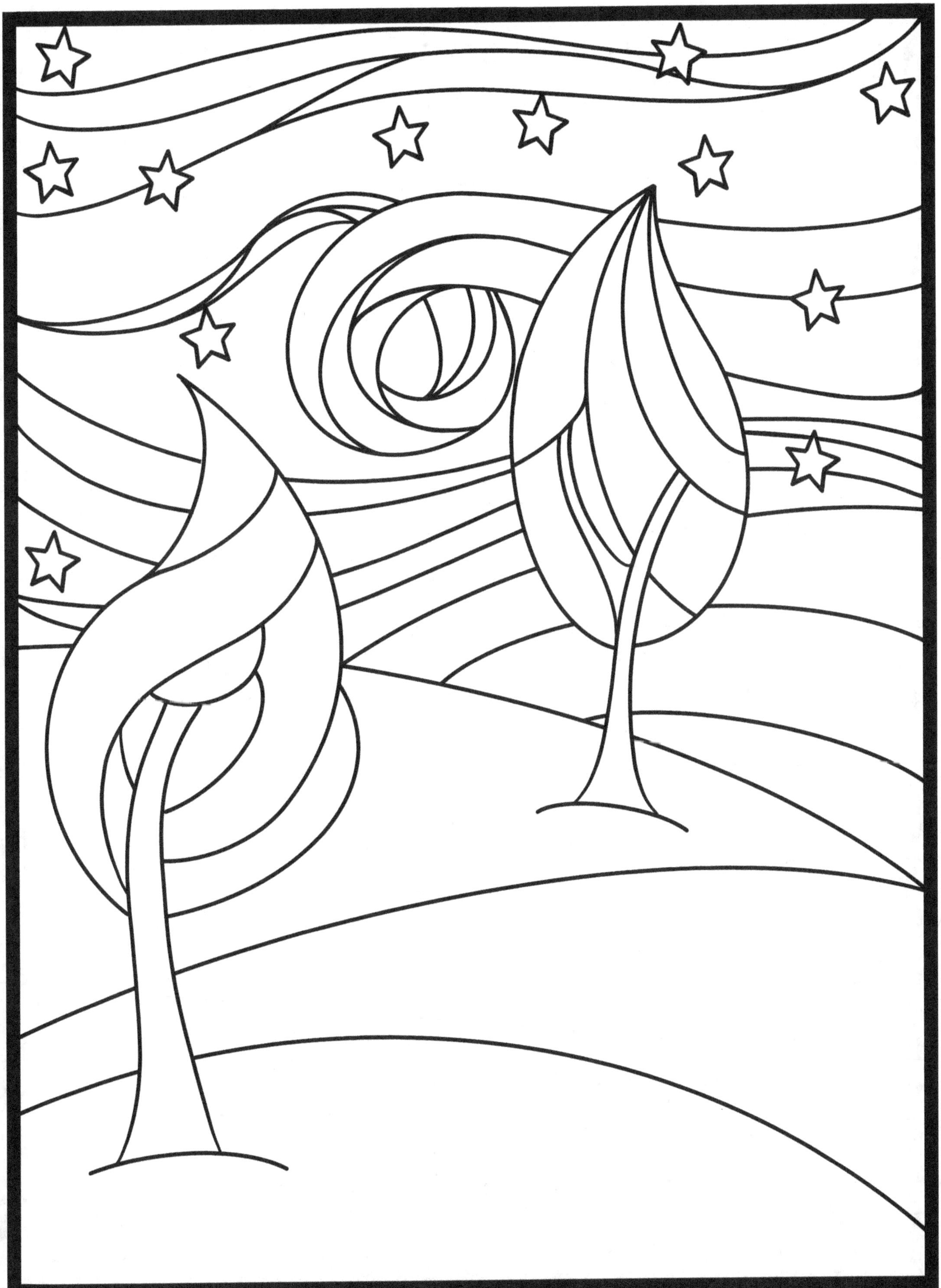

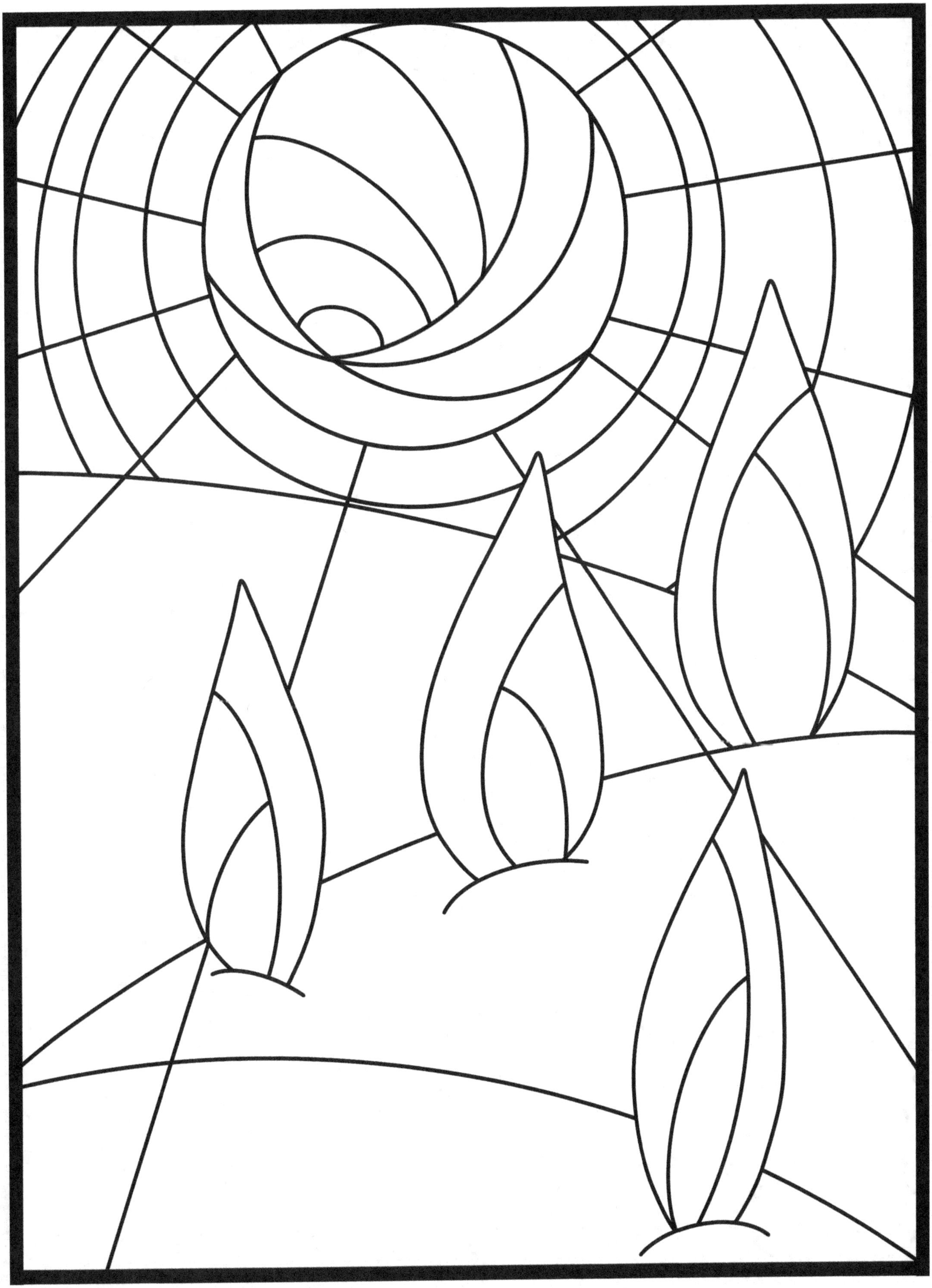

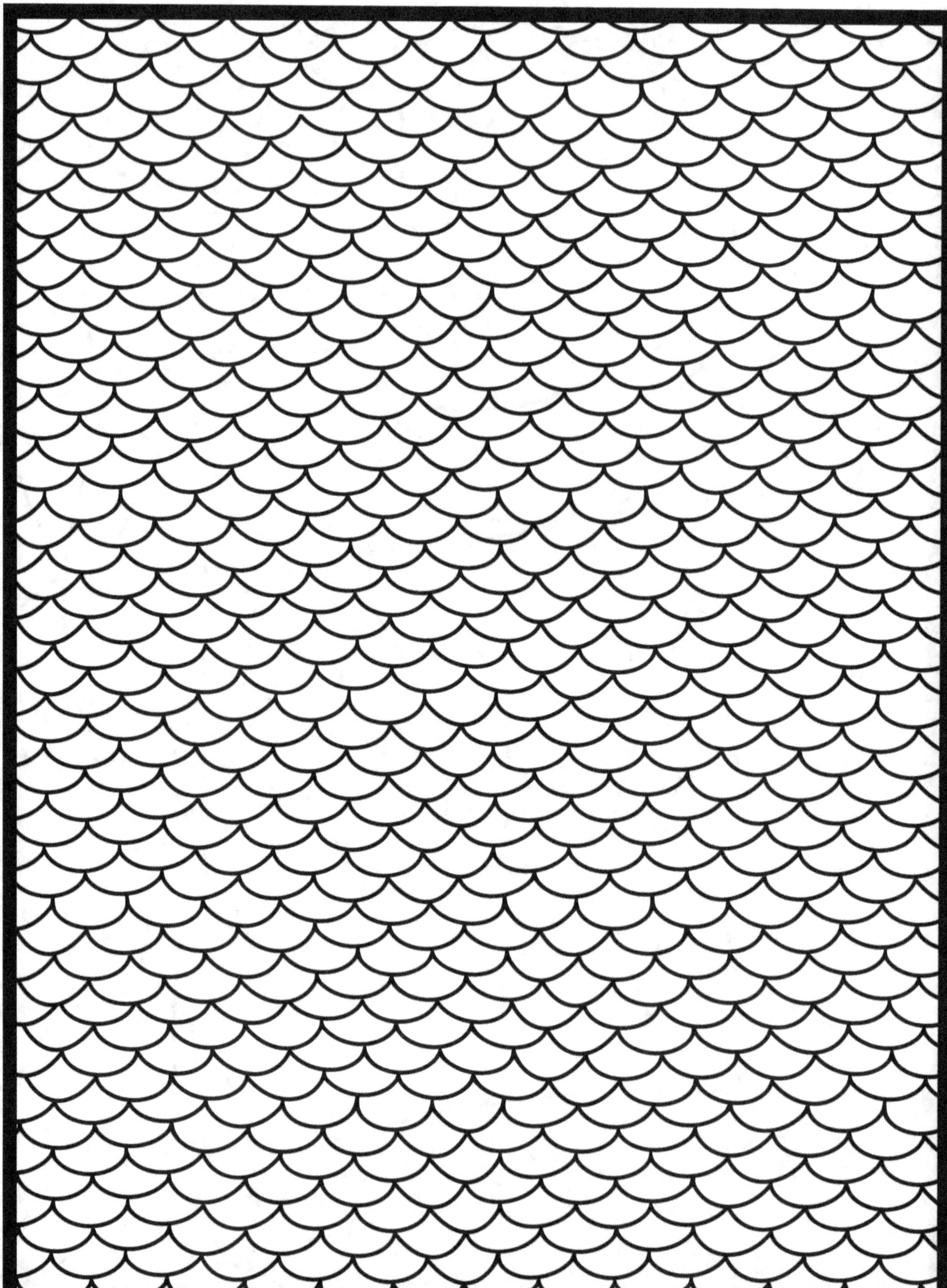

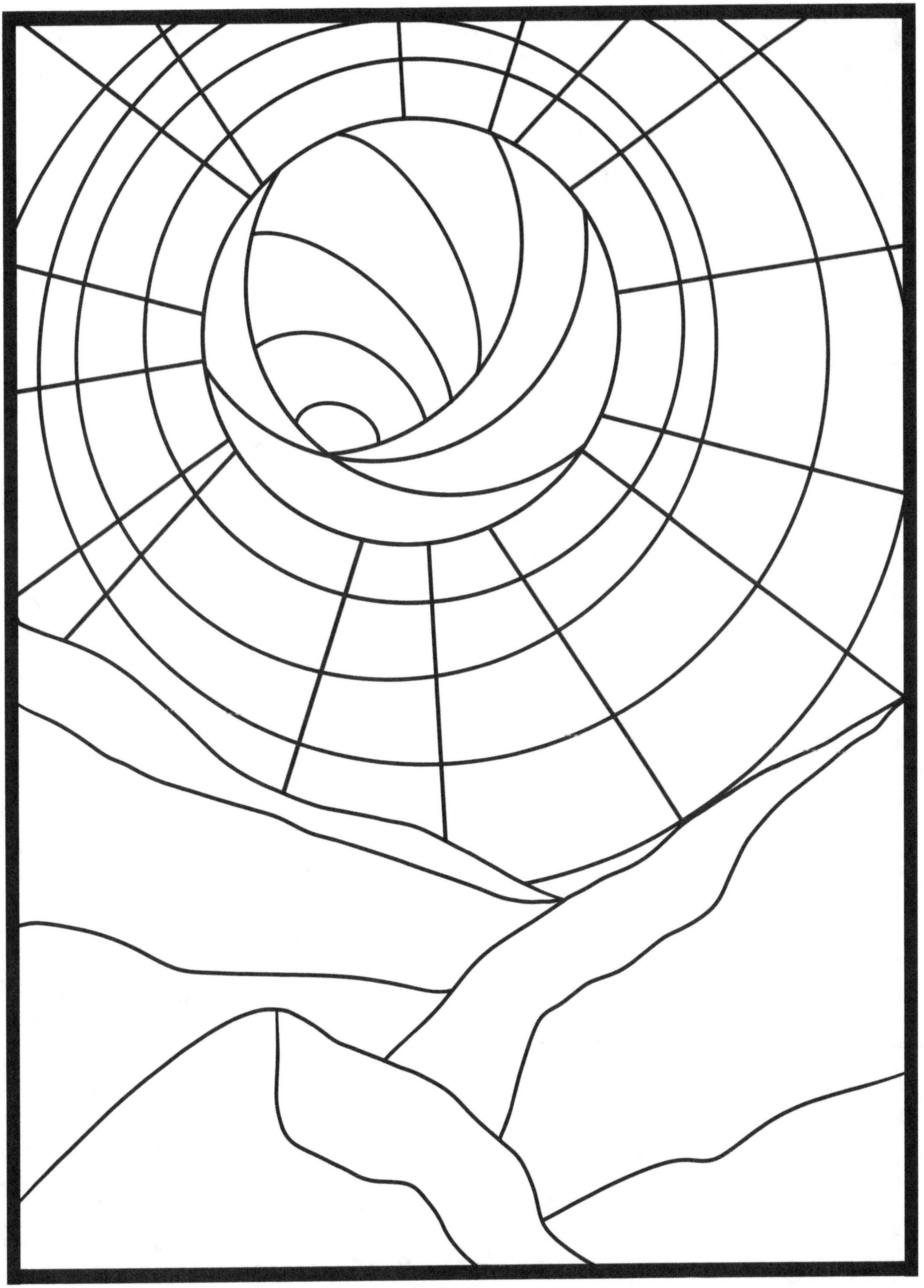

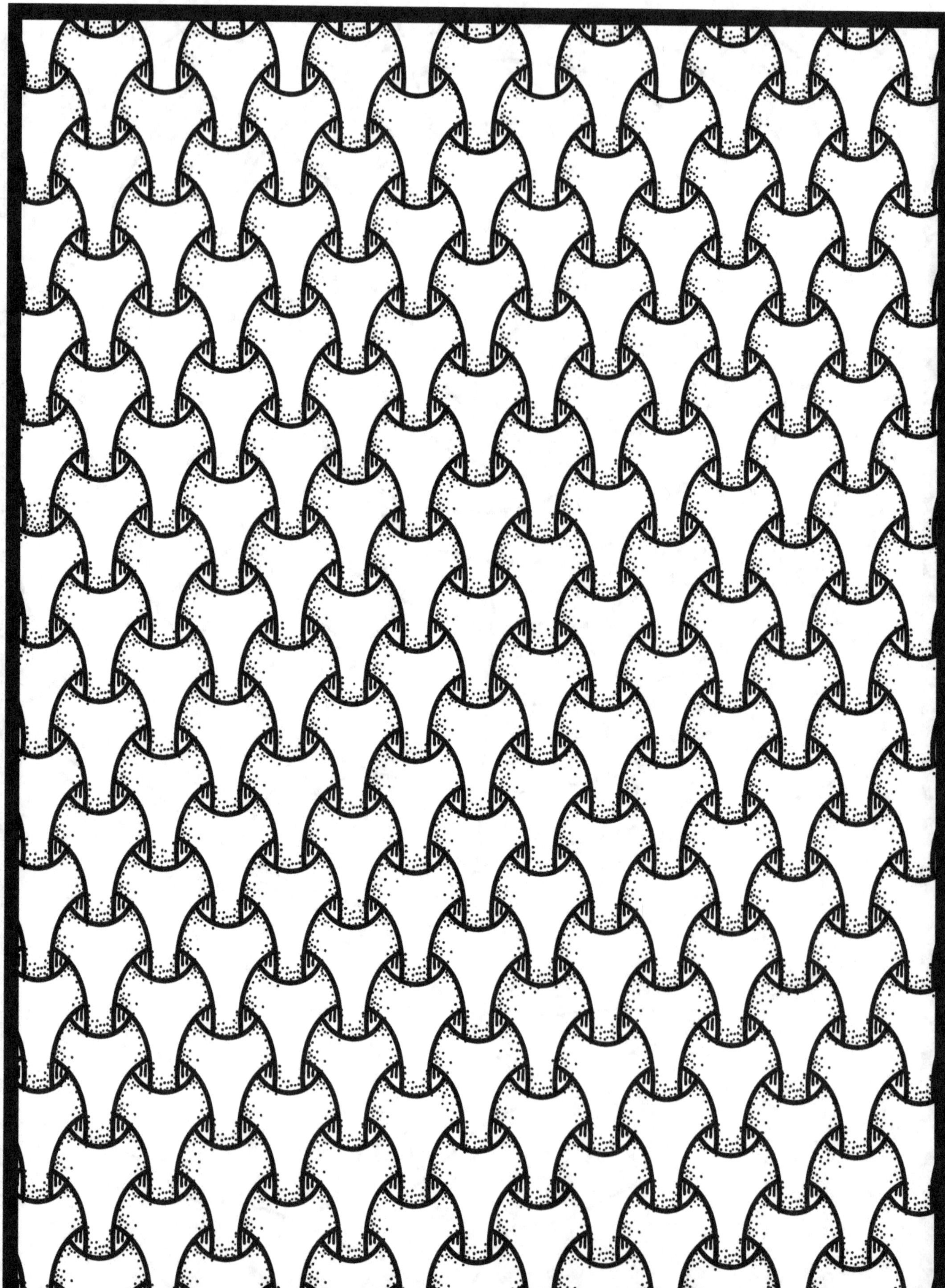

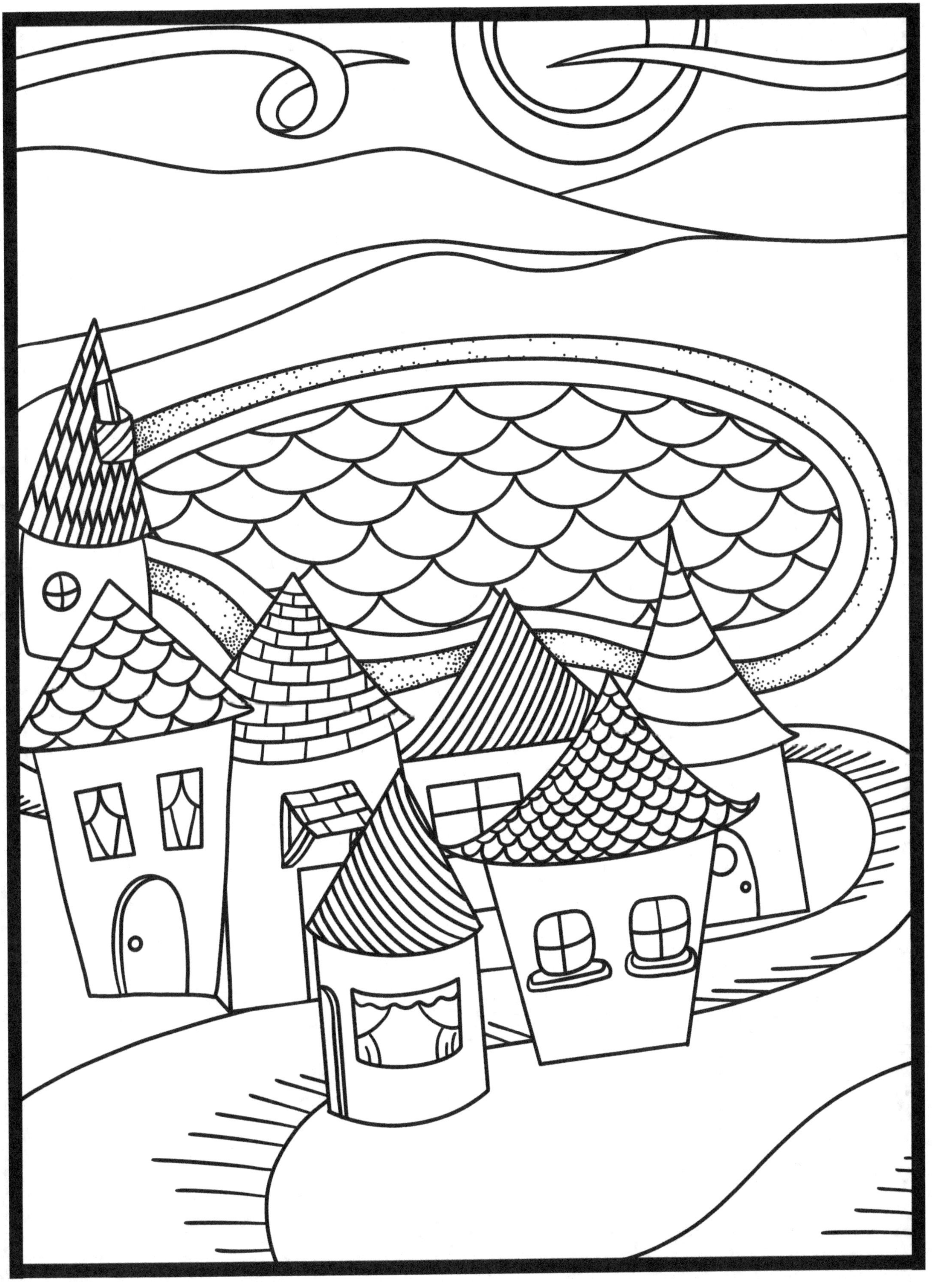

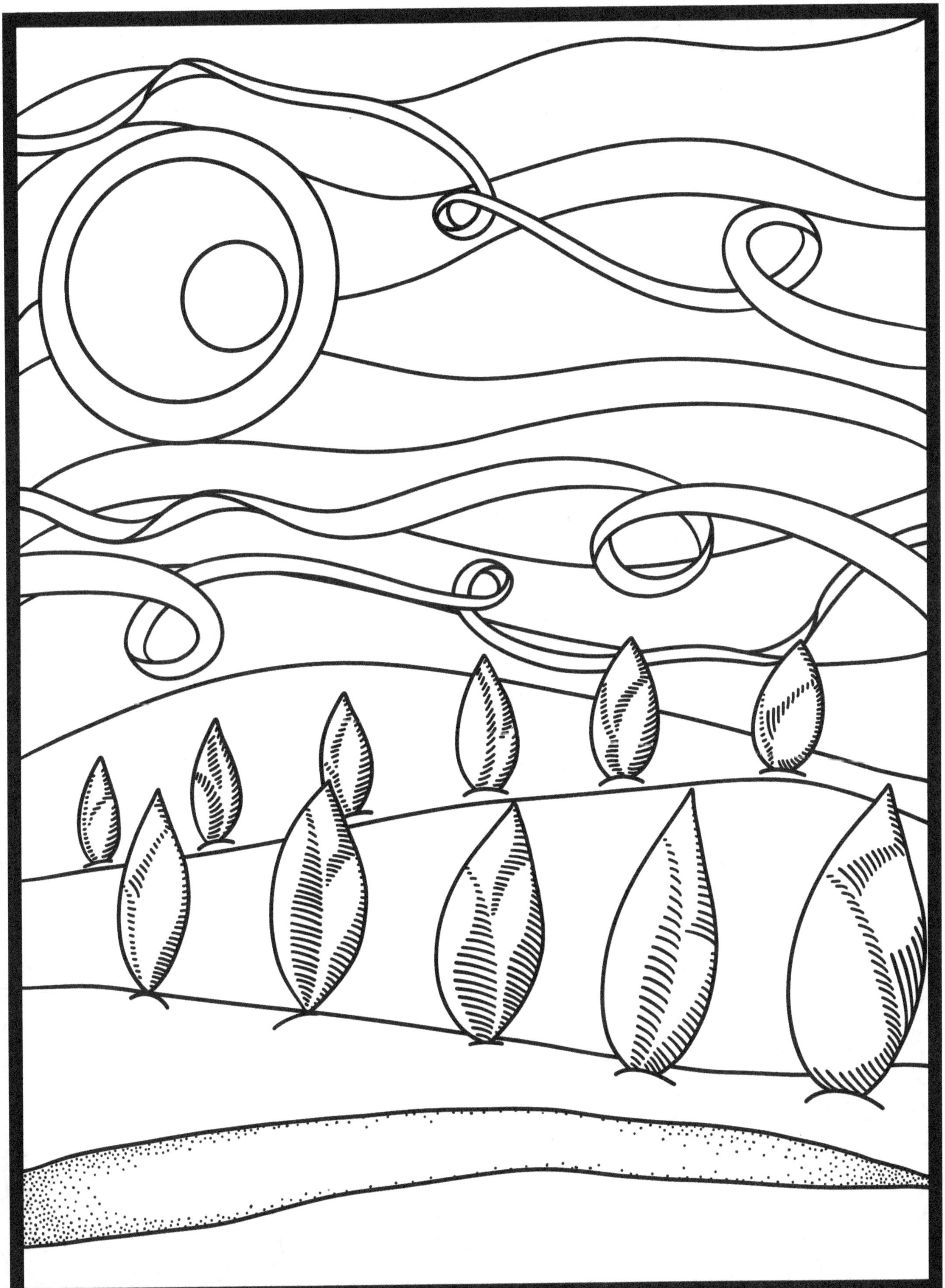

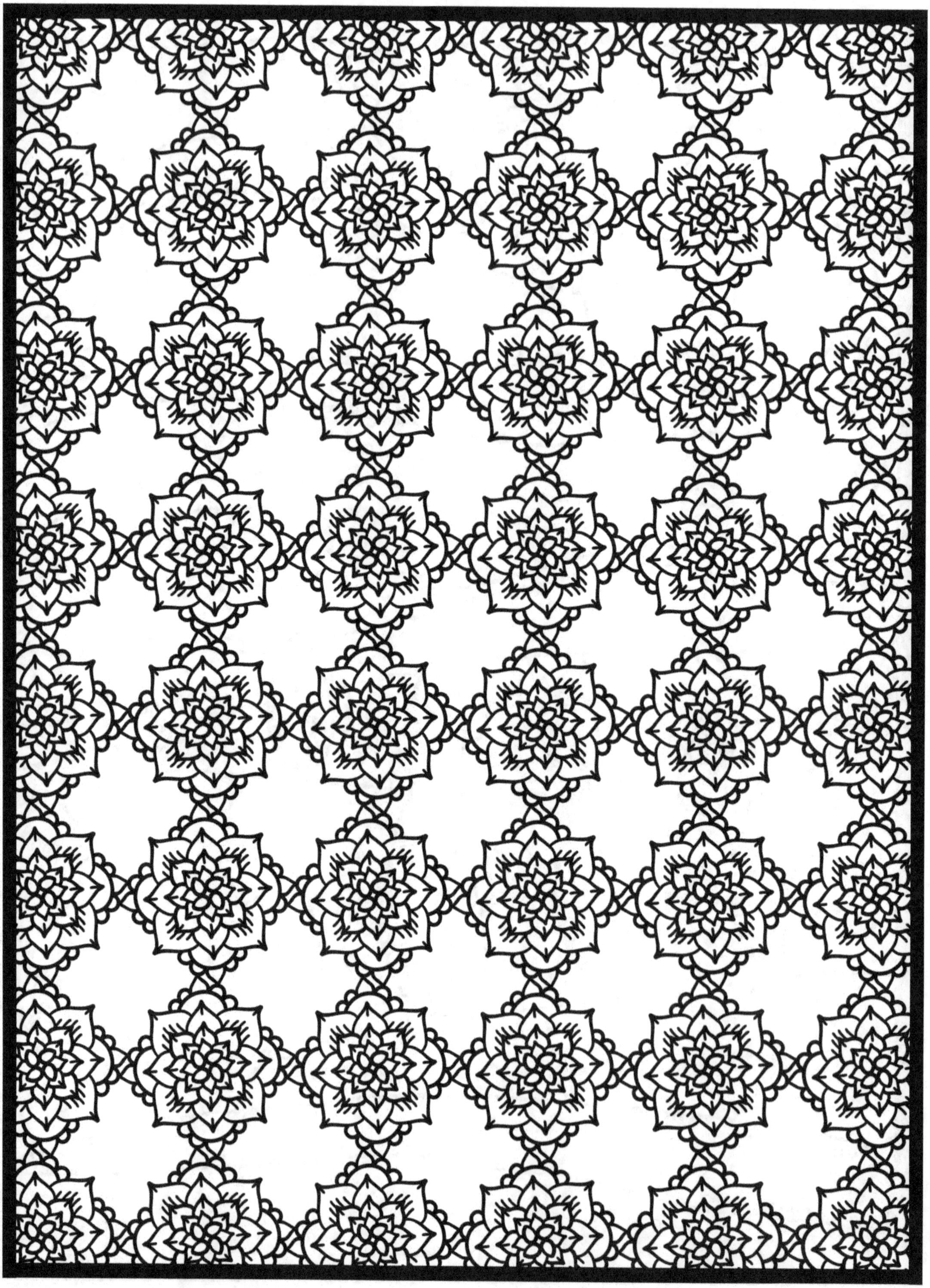

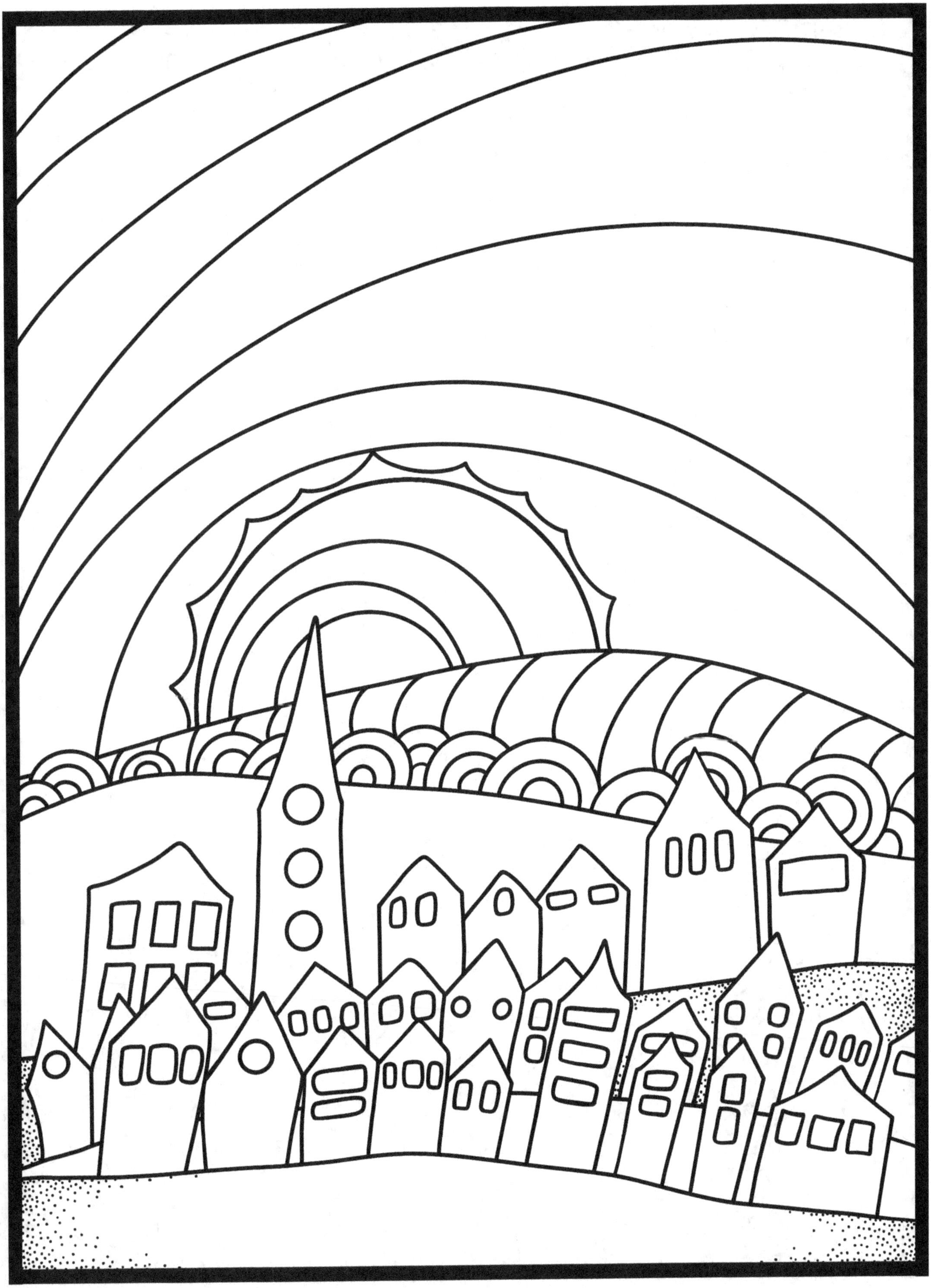

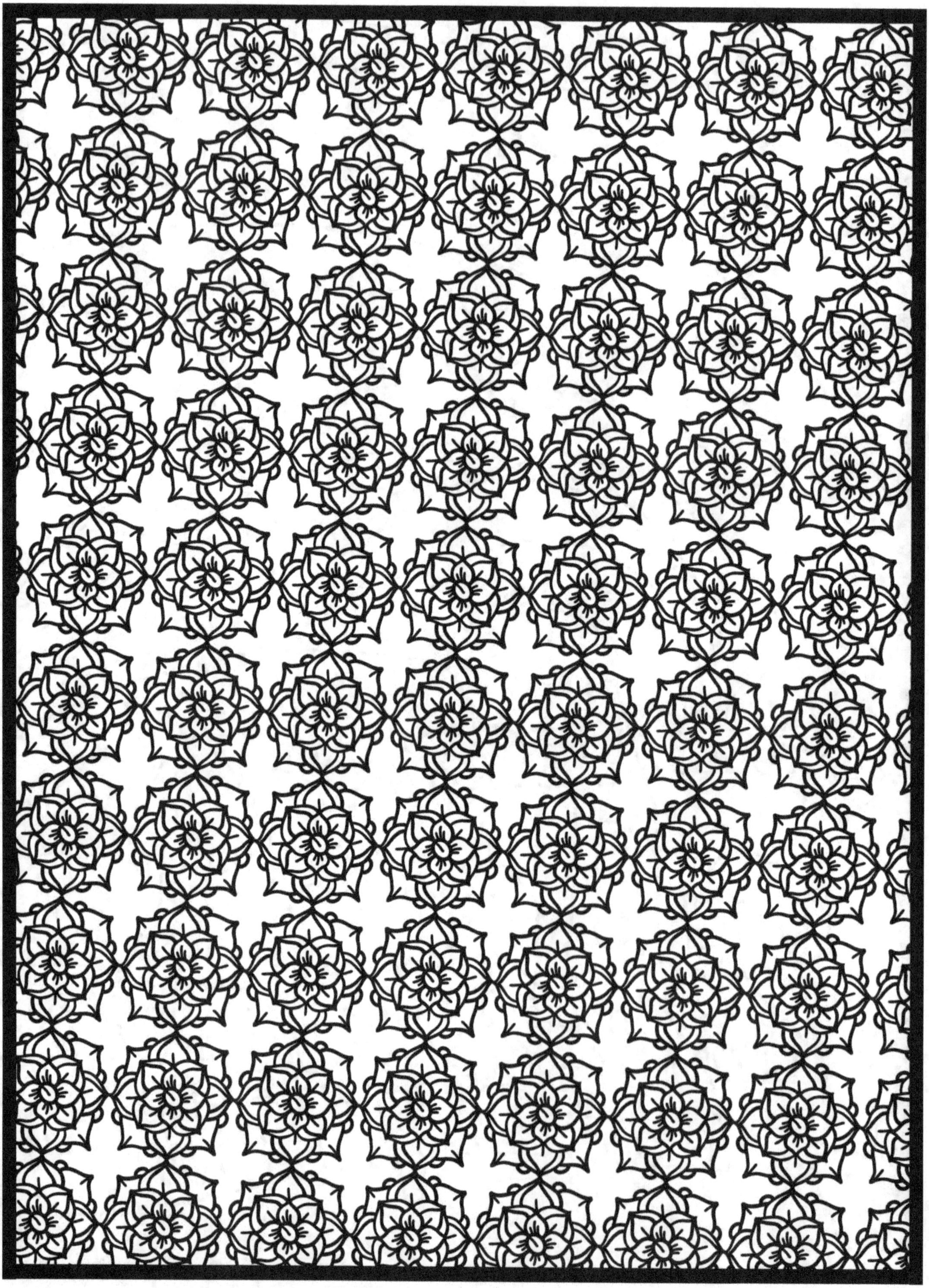

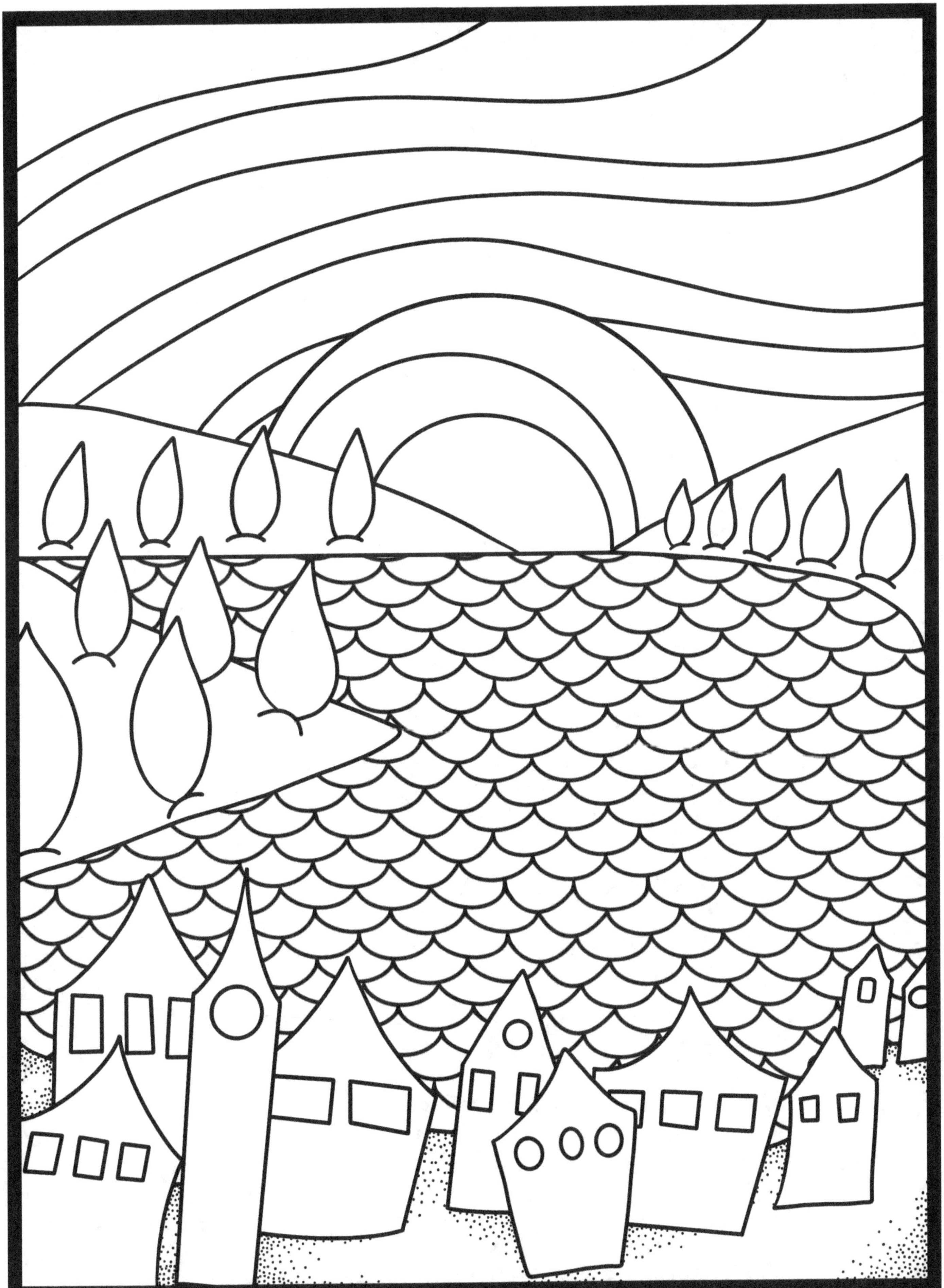

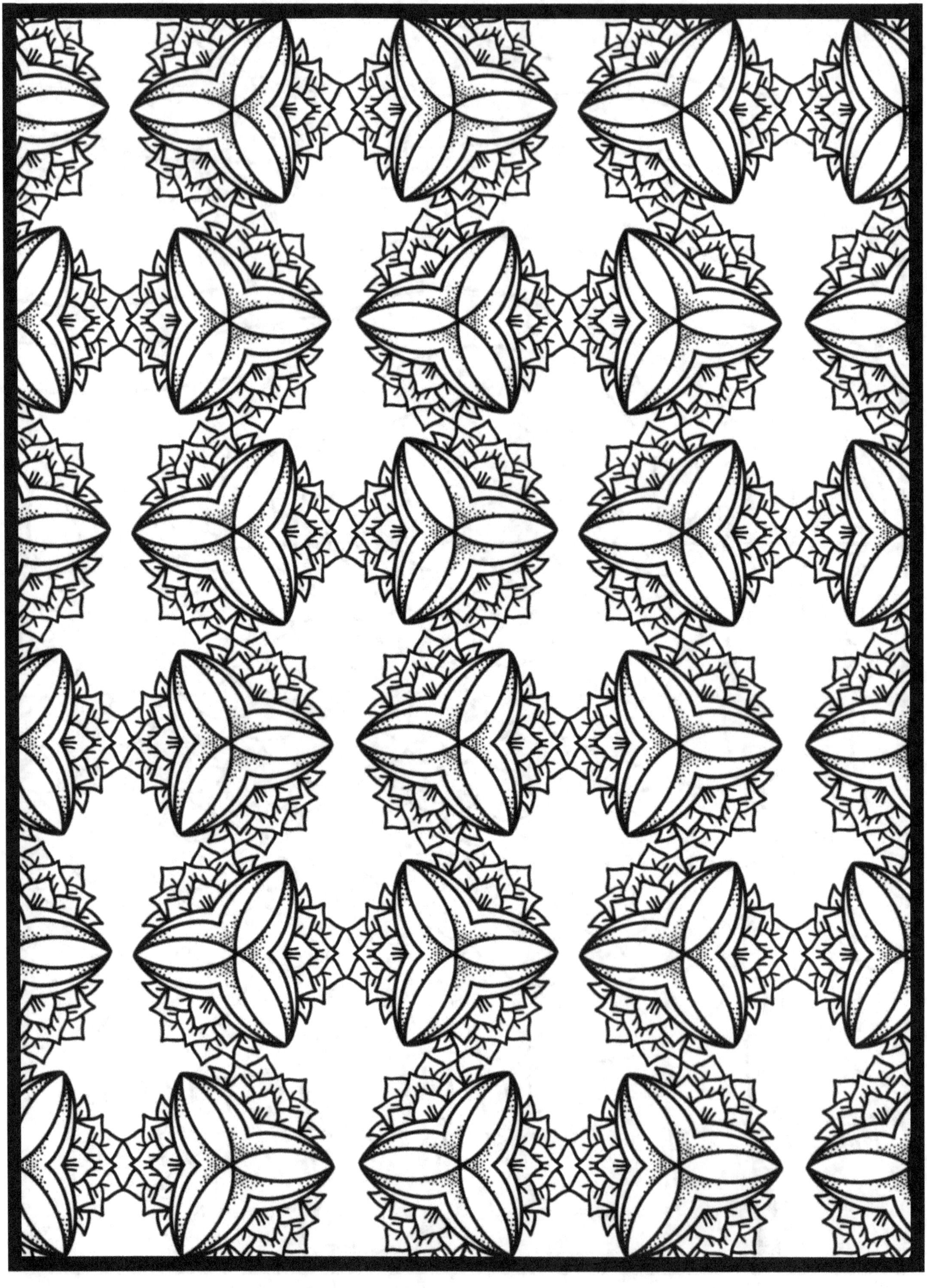

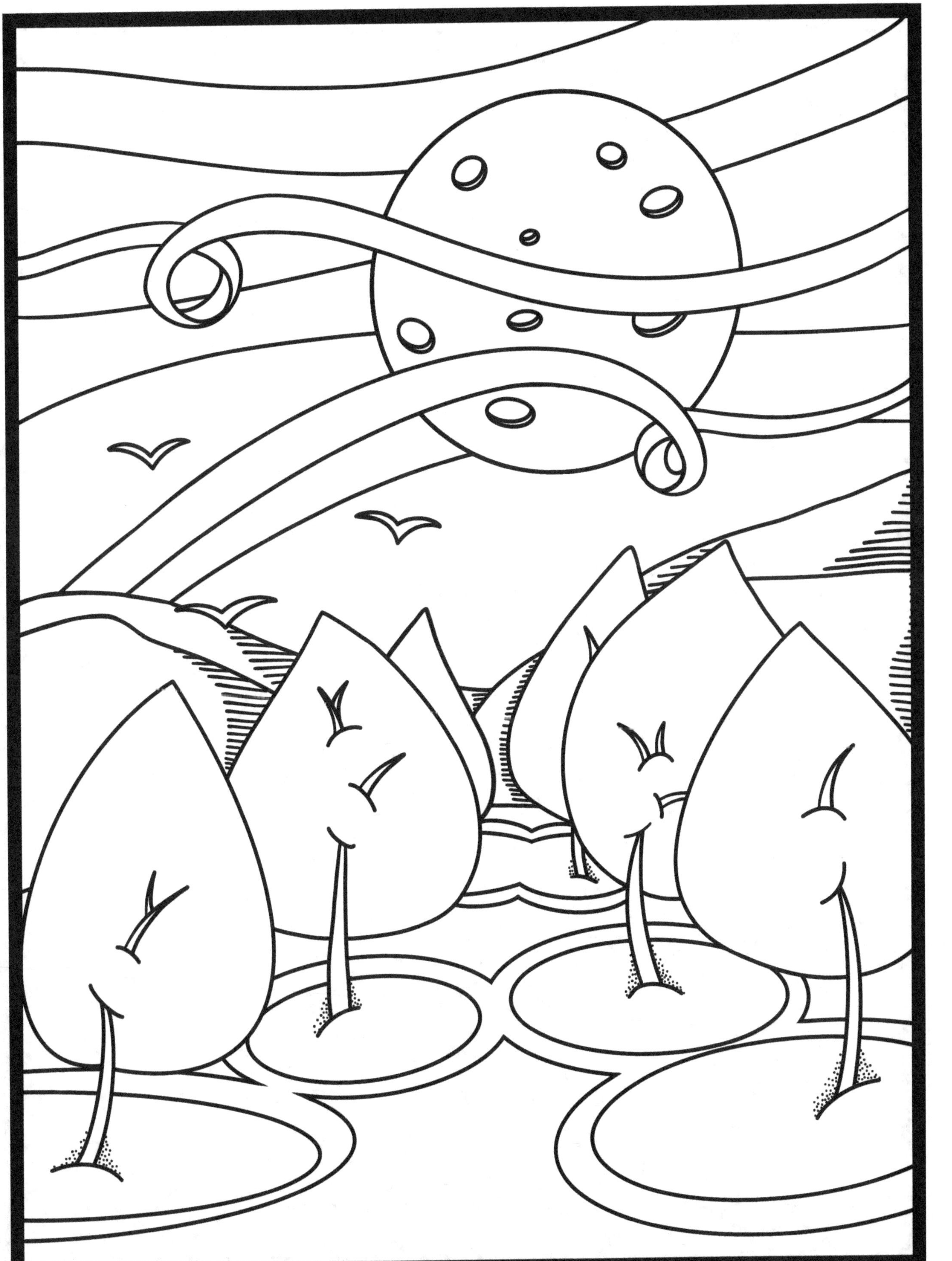

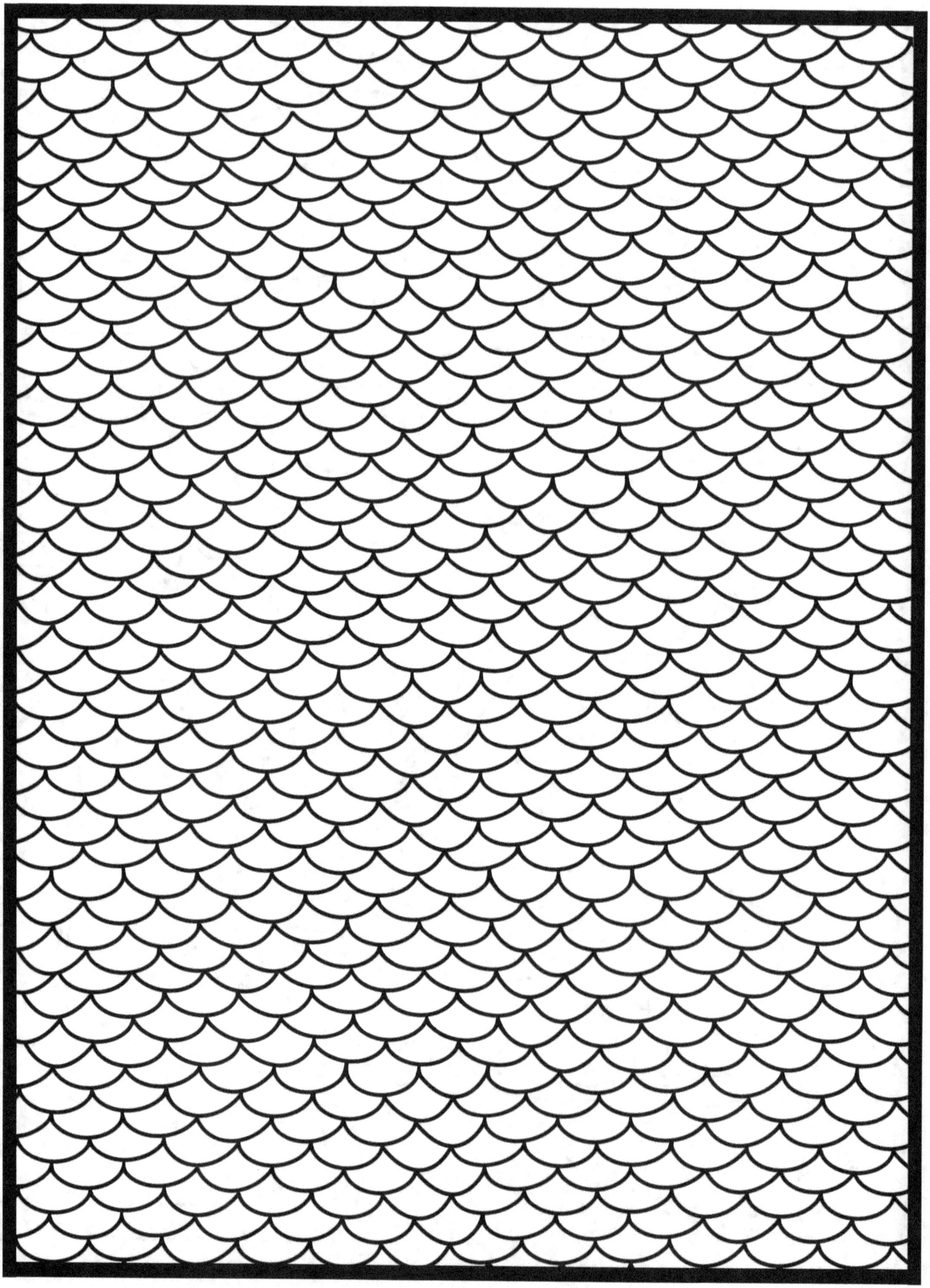

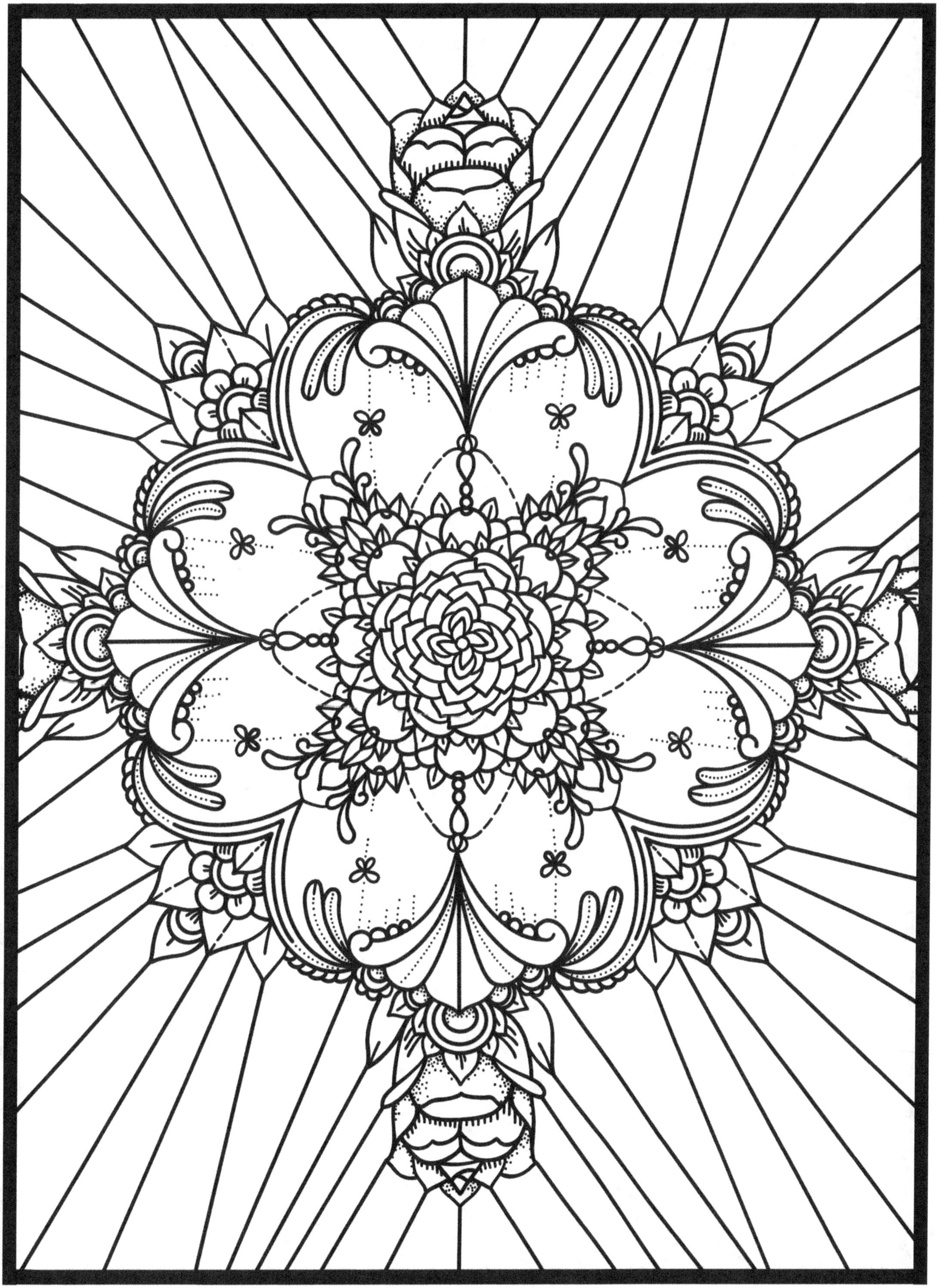

MURAL GRID METHOD

USING THE GRID PROVIDED COPY EACH BOX TO THE EMPTY PAGE AND RECREATE THE ARTWORK. THE EMPTY GRID WILL BE LIGHTER TO ALLOW FOR PAINTING YOUR FINAL ART AFTERWARD. TAG #JEZPOKILI ON INSTAGRAM AND SHOW US YOUR MASTERPIECE!

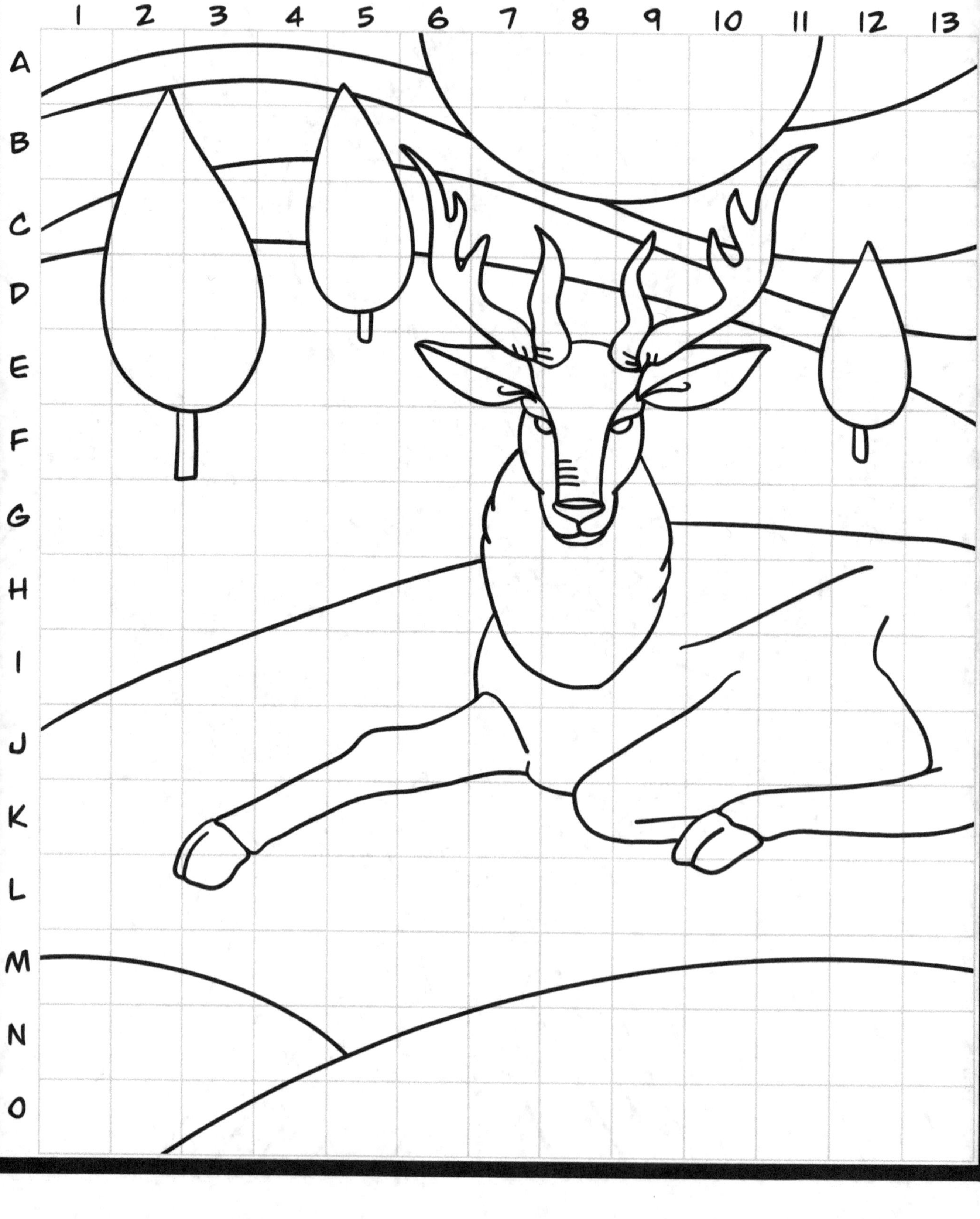

MURAL GRID METHOD

USING THE GRID PROVIDED COPY EACH BOX TO THE EMPTY PAGE AND RECREATE THE ARTWORK. THE EMPTY GRID WILL BE LIGHTER TO ALLOW FOR PAINTING YOUR FINAL ART AFTERWARD. TAG #JEZPOKILI ON INSTAGRAM AND SHOW US YOUR MASTERPIECE!

	1	2	3	4	5	6	7	8	9	10	11	12	13
A													
B													
C													
D													
E													
F													
G													
H													
I													
J													
K													
L													
M													
N													
O													

FIND THE 18 MISSING DETAILS

USE A PENCIL TO MAKE SURE AND COLOR AS WELL

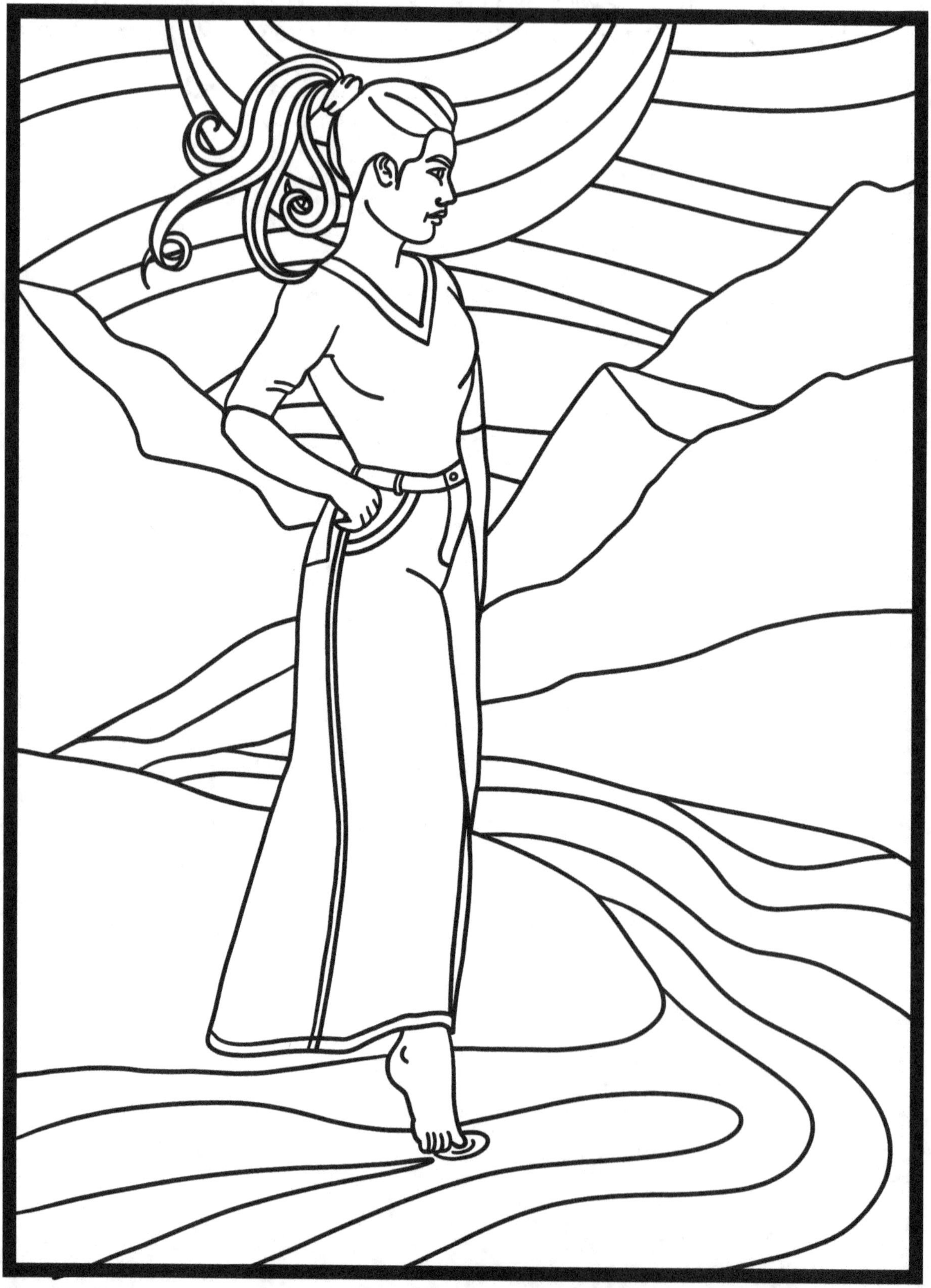

FIND THE 18 MISSING DETAILS

USE A PENCIL TO MAKE SURE AND COLOR AS WELL

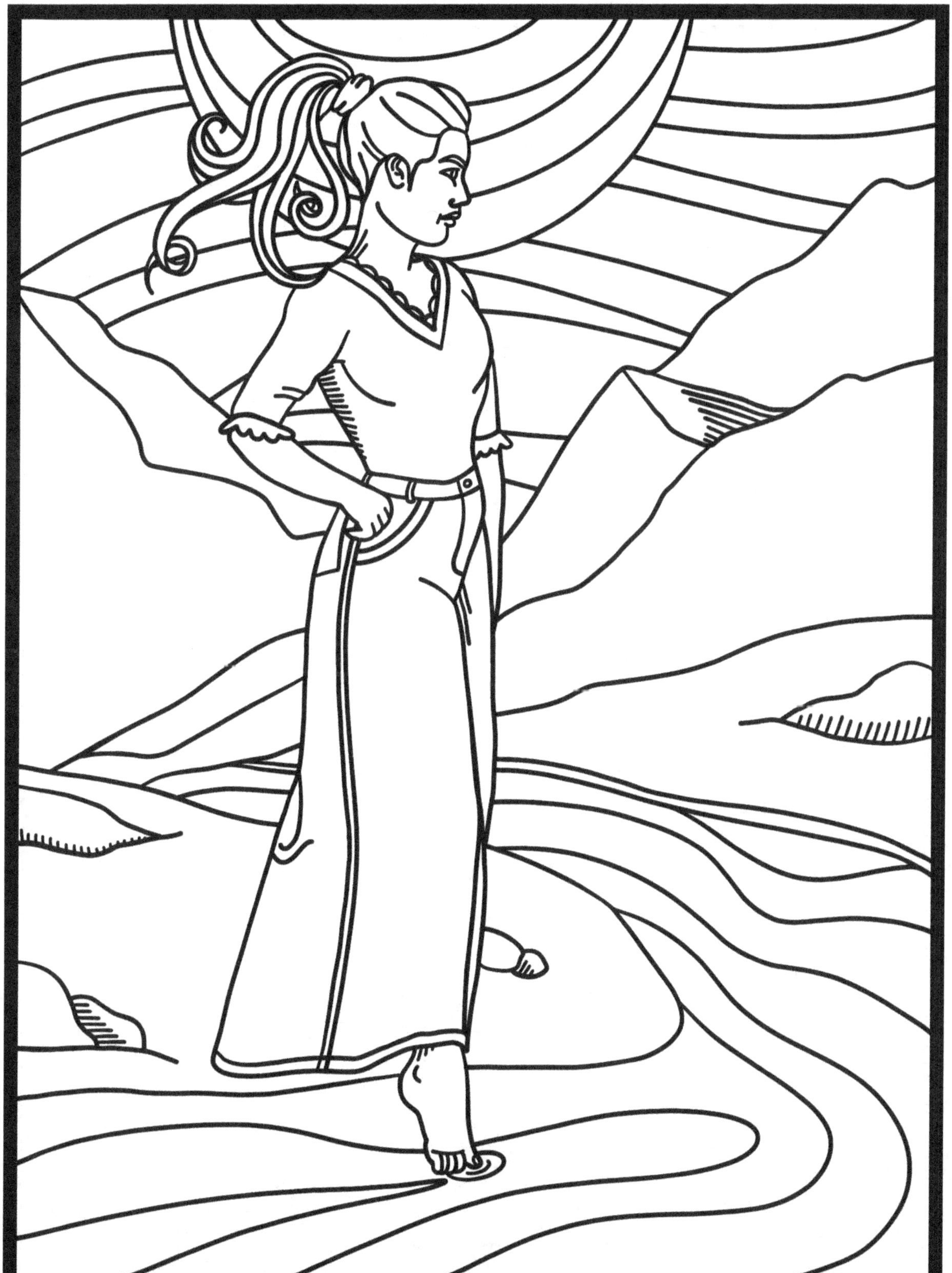

MURAL GRID METHOD

USING THE GRID PROVIDED COPY EACH BOX TO THE EMPTY PAGE AND RECREATE THE ARTWORK. THE EMPTY GRID WILL BE LIGHTER TO ALLOW FOR PAINTING YOUR FINAL ART AFTERWARD. TAG #JEZPOKILI ON INSTAGRAM AND SHOW US YOUR MASTERPIECE!

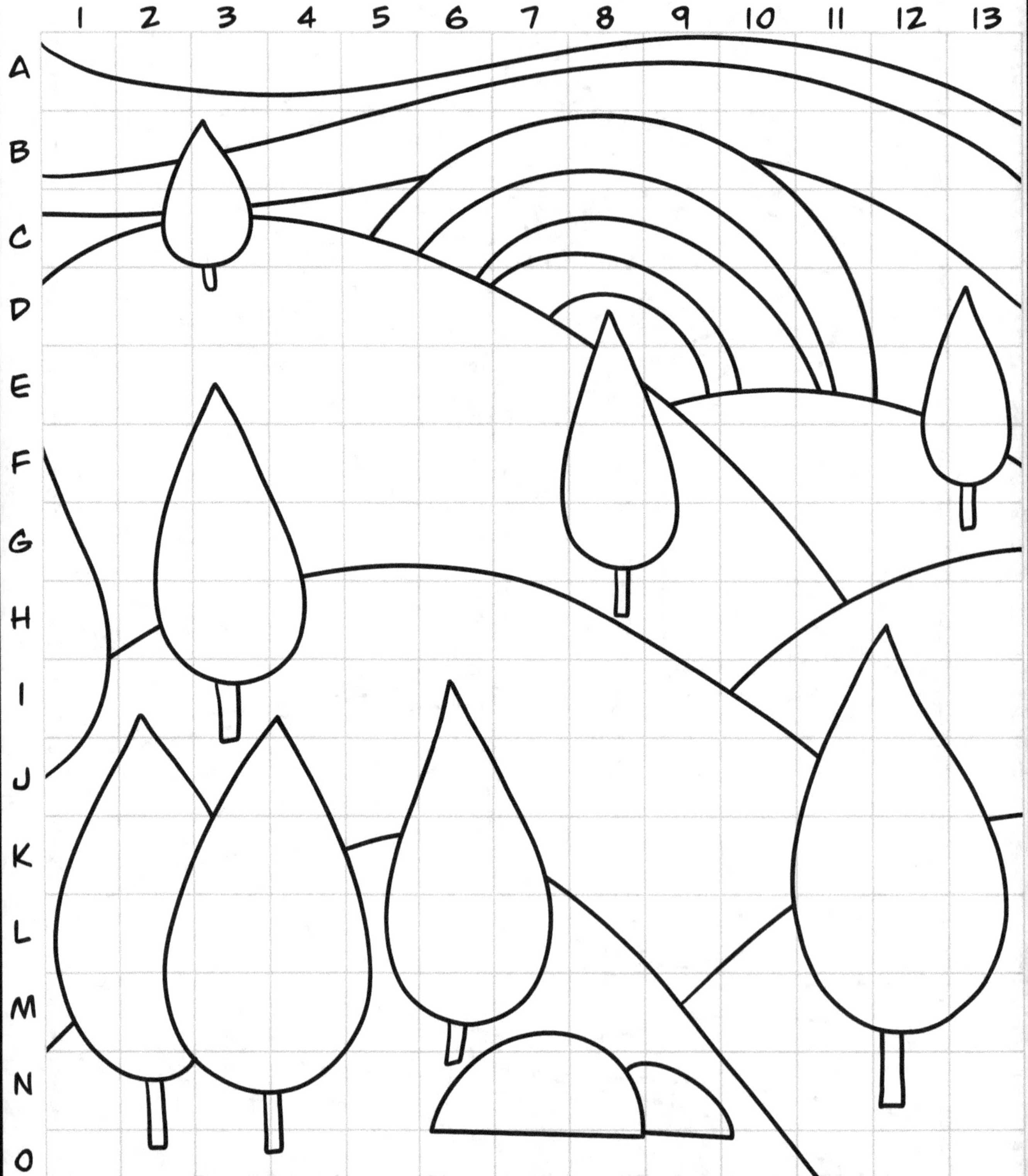

MURAL GRID METHOD

USING THE GRID PROVIDED COPY EACH BOX TO THE EMPTY PAGE AND RECREATE THE ARTWORK. THE EMPTY GRID WILL BE LIGHTER TO ALLOW FOR PAINTING YOUR FINAL ART AFTERWARD. TAG #JEZPOKILI ON INSTAGRAM AND SHOW US YOUR MASTERPIECE!

	1	2	3	4	5	6	7	8	9	10	11	12	13
A													
B													
C													
D													
E													
F													
G													
H													
I													
J													
K													
L													
M													
N													
O													

MURAL GRID METHOD

USING THE GRID PROVIDED COPY EACH BOX TO THE EMPTY PAGE AND RECREATE THE ARTWORK. THE EMPTY GRID WILL BE LIGHTER TO ALLOW FOR PAINTING YOUR FINAL ART AFTERWARD. TAG #JEZPOKILI ON INSTAGRAM AND SHOW US YOUR MASTERPIECE!

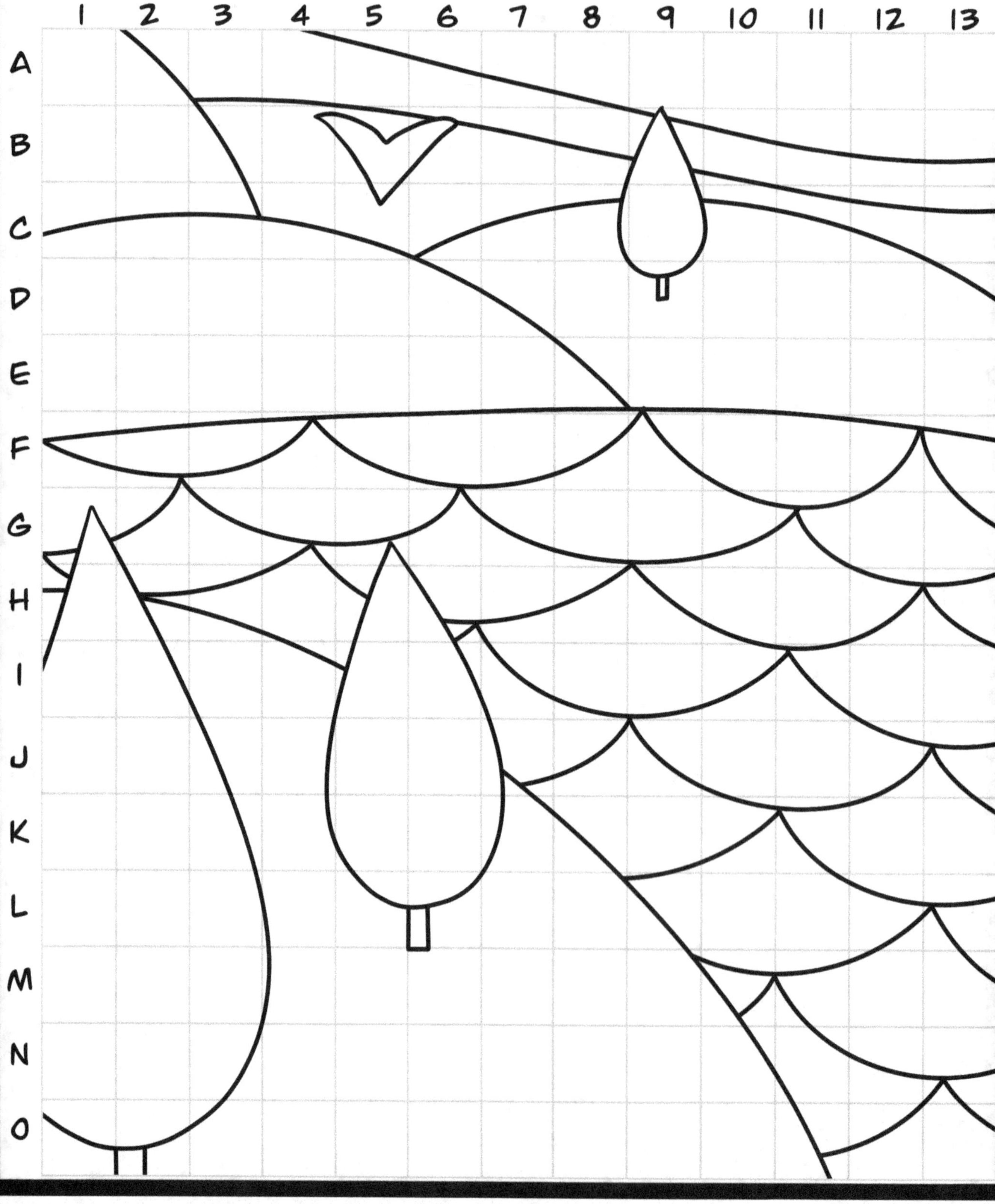

MURAL GRID METHOD

USING THE GRID PROVIDED COPY EACH BOX TO THE EMPTY PAGE AND RECREATE THE ARTWORK. THE EMPTY GRID WILL BE LIGHTER TO ALLOW FOR PAINTING YOUR FINAL ART AFTERWARD. TAG #JEZPOKILI ON INSTAGRAM AND SHOW US YOUR MASTERPIECE!

	1	2	3	4	5	6	7	8	9	10	11	12	13
A													
B													
C													
D													
E													
F													
G													
H													
I													
J													
K													
L													
M													
N													
O													

MURAL GRID METHOD

USING THE GRID PROVIDED COPY EACH BOX TO THE EMPTY PAGE AND RECREATE THE ARTWORK. THE EMPTY GRID WILL BE LIGHTER TO ALLOW FOR PAINTING YOUR FINAL ART AFTERWARD. TAG #JEZPOKILI ON INSTAGRAM AND SHOW US YOUR MASTERPIECE!

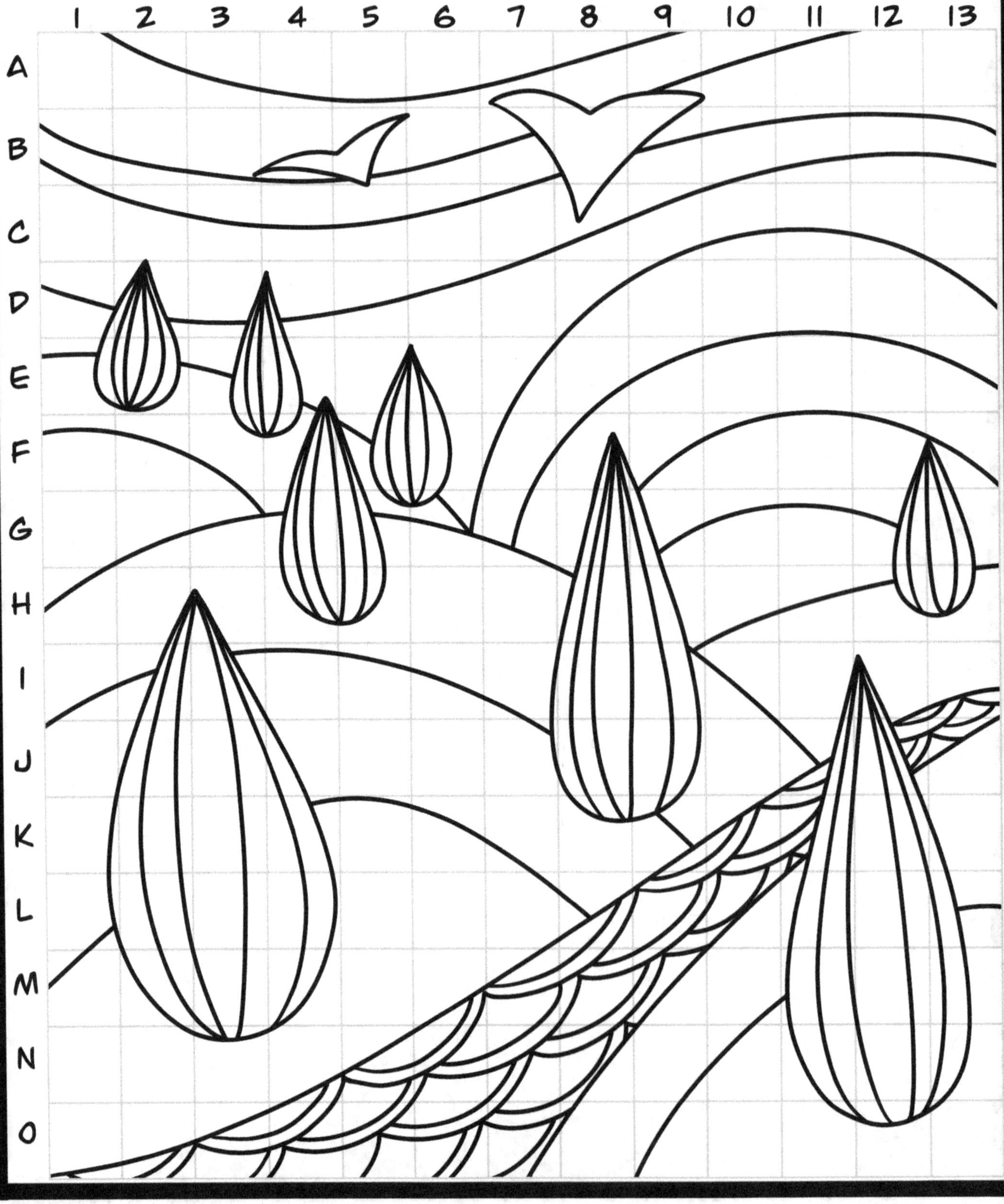

MURAL GRID METHOD

USING THE GRID PROVIDED COPY EACH BOX TO THE EMPTY PAGE AND RECREATE THE ARTWORK. THE EMPTY GRID WILL BE LIGHTER TO ALLOW FOR PAINTING YOUR FINAL ART AFTERWARD. TAG #JEZPOKILI ON INSTAGRAM AND SHOW US YOUR MASTERPIECE!

	1	2	3	4	5	6	7	8	9	10	11	12	13
A													
B													
C													
D													
E													
F													
G													
H													
I													
J													
K													
L													
M													
N													
O													

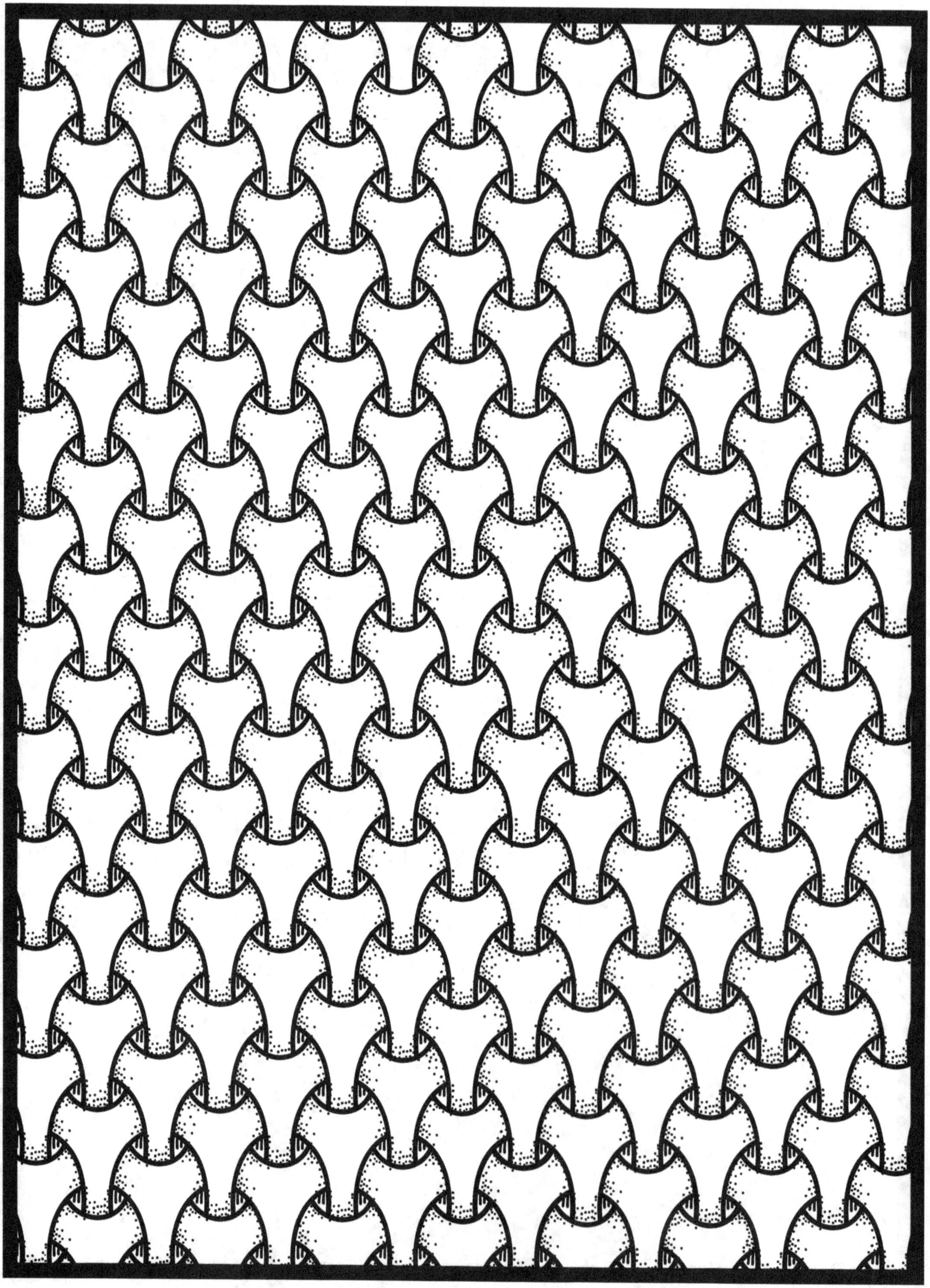

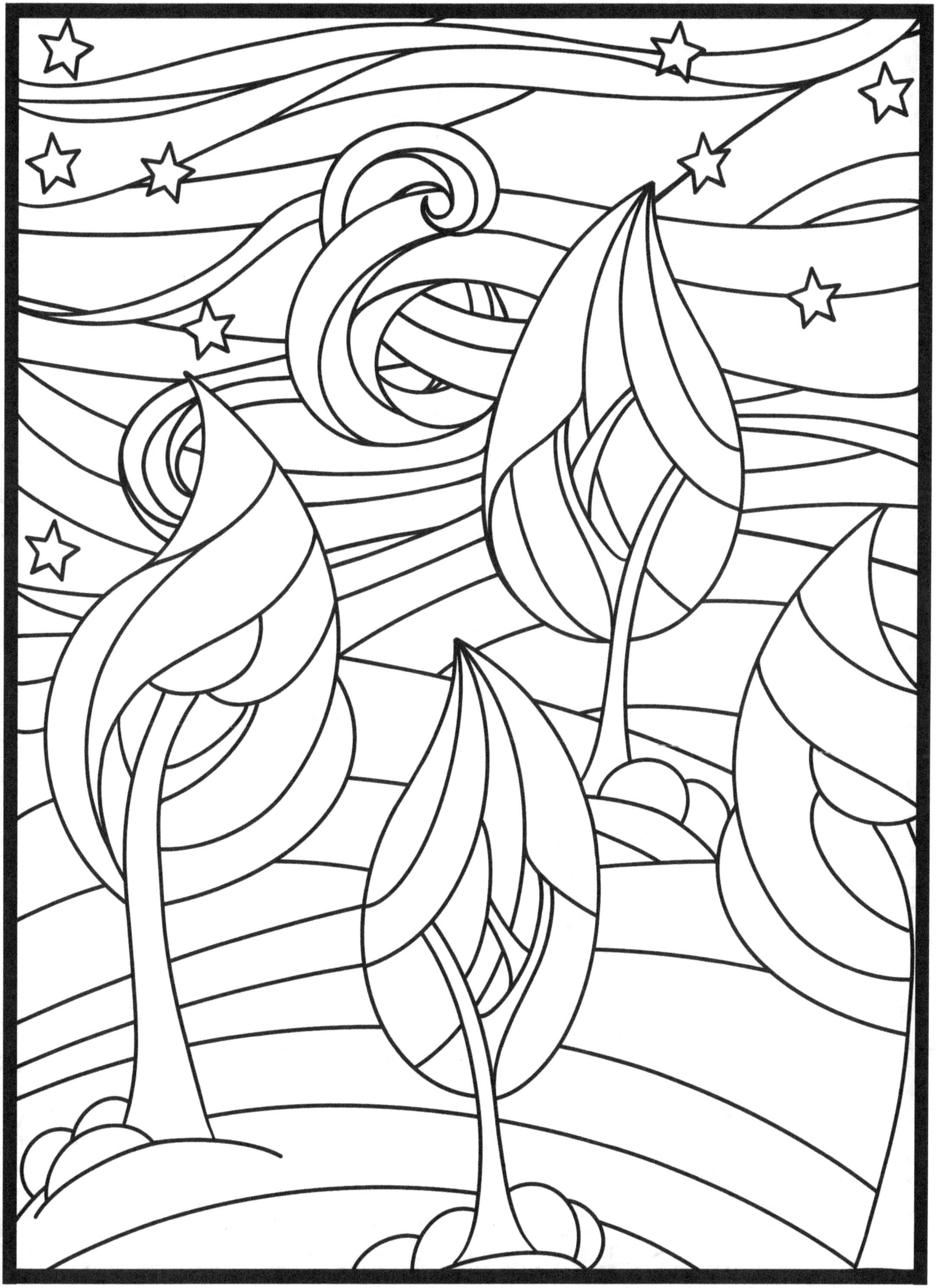

HORCHATA

THESE INGREDIENTS BRING THE MAKINGS
OF THE TIME HONORED SWEET MILKY DRINK
HORCHATA.

1.5 OZ CUPS OF WHITE RICE
1 - 14 OZ CAN OF SWEETENED CONDENSED MILK
1 CUP WHOLE MILK
5 CUPS OF HOT WATER
2 STICKS OF CINNAMON
1 TBSP OF CINNAMON POWDER

1. MIX ALL THE INGREDIENTS IN A BOWL OR PITCHER.
2. MAKE SURE THE SWEETENED CONDENSED MILK IS DISOLVED.
2. LET THE MIXTURE COOL TO ROOM TEMPERATURE.
3. SET THE MIXTURE TO CHILL IN THE REFRIGERATOR. FOR 2 HOURS OR 12 HOURS FOR A STRONGER FLAVOR.
4. STRAIN OUT THE RICE, DISCARD THE CINNAMON STICKS. BLEND THE RICE USING 1 CUP OF THE LIQUID, THEN ADD IT ALL BACK TOGETHER.

DRINK CHILLED OVER ICE.

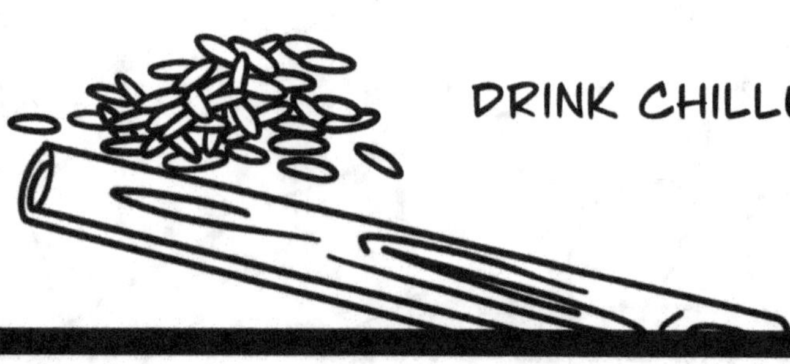

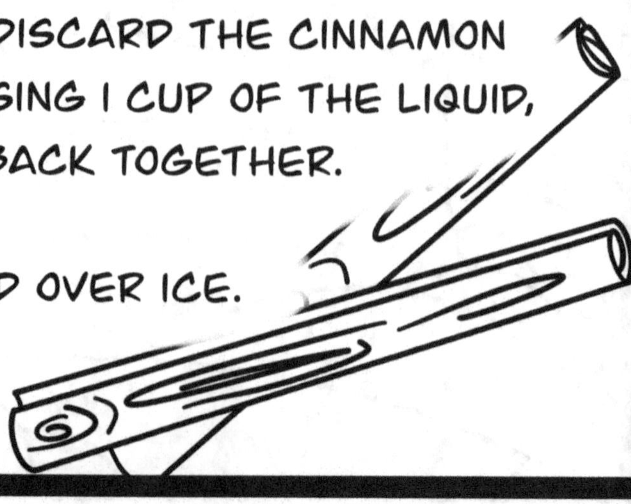

THE CABO SMOOTHIE

CARROTS, APPLES, BEETS, ORANGES

JUST 6 INGREDIENT TO MAKE THIS
YUMMY HEALTHY SMOOTHIE DRINK.
THE INGREDIENTS BRING SWEET, TART
AND EARTHY TOGETHER.
FOR THE CABO SMOOTHIE YOU NEED
2.5 OZ OF CARROT JUICE
8 OZ OF APPLE JUICE
6 OZ OF FRESH BEETS
6 OZ OF ORANGE JUICE
1 TBSP OF HONEY
1 CUP OF ICE AND BLEND ALL TOGETHER
UNTIL SMOOTH

FOR A CREAMY VERSION ADD 2-3 TBSP
OF UNSWEETENED YOGURT OR TO TASTE
AND SERVE.

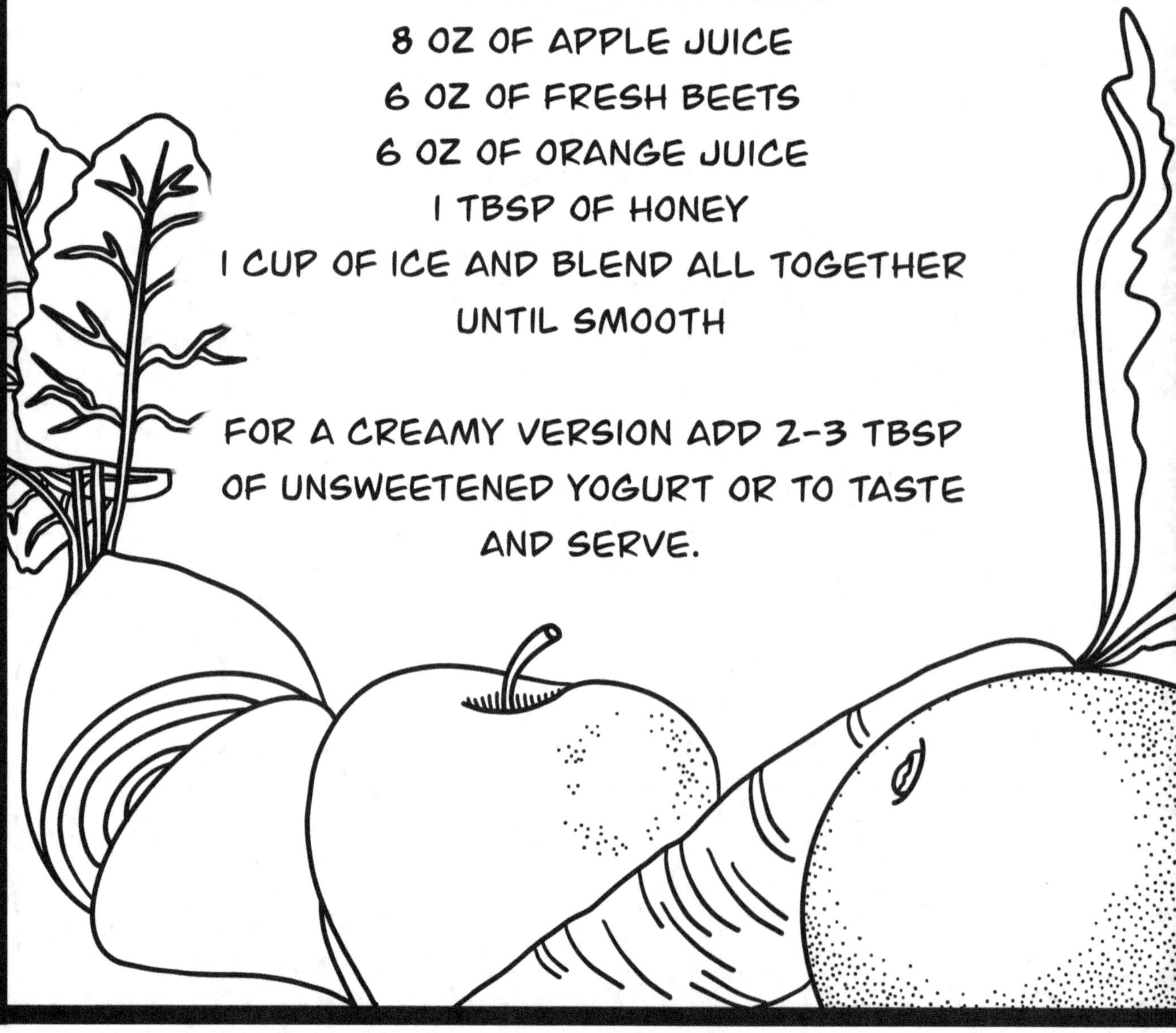

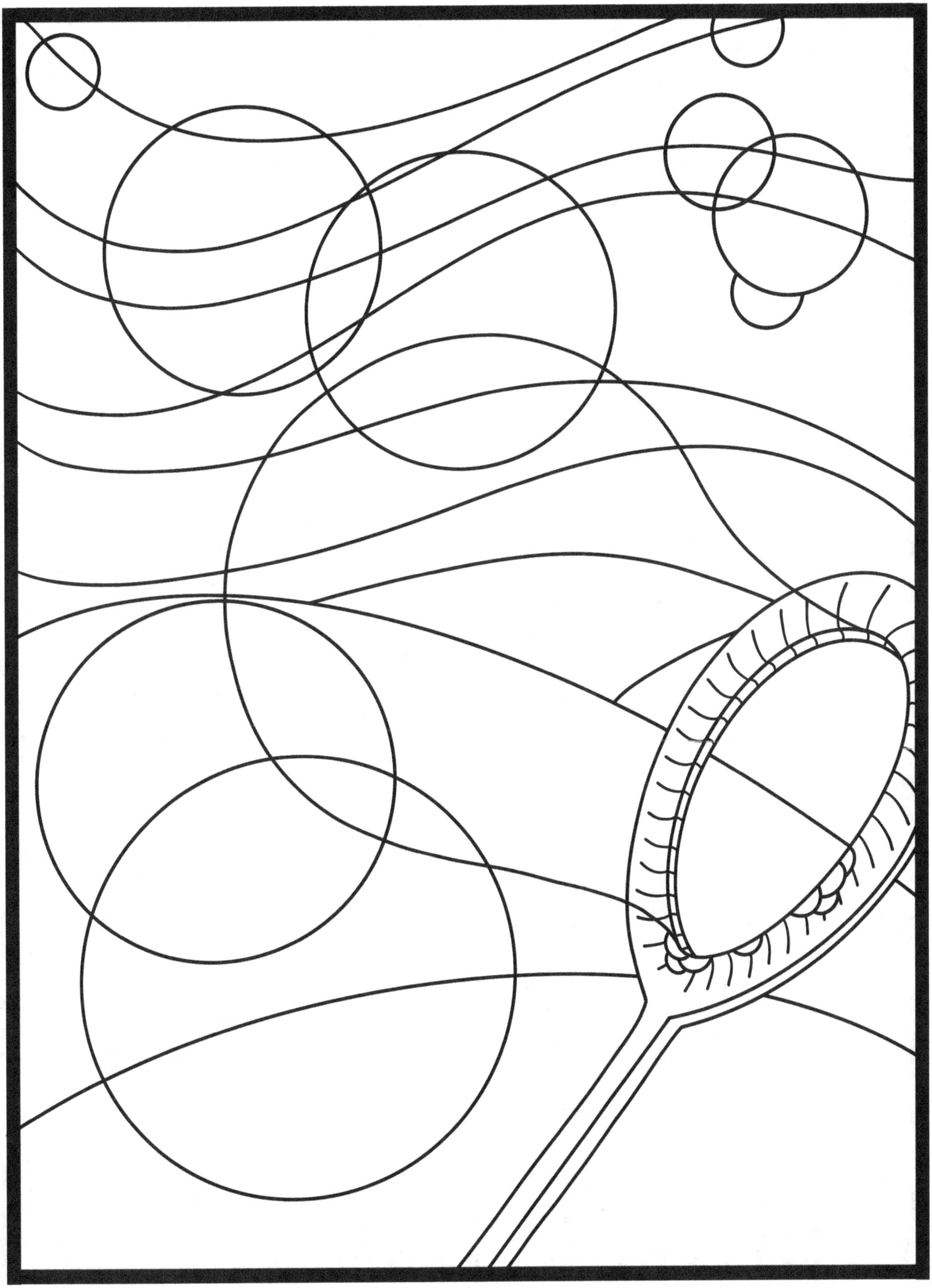

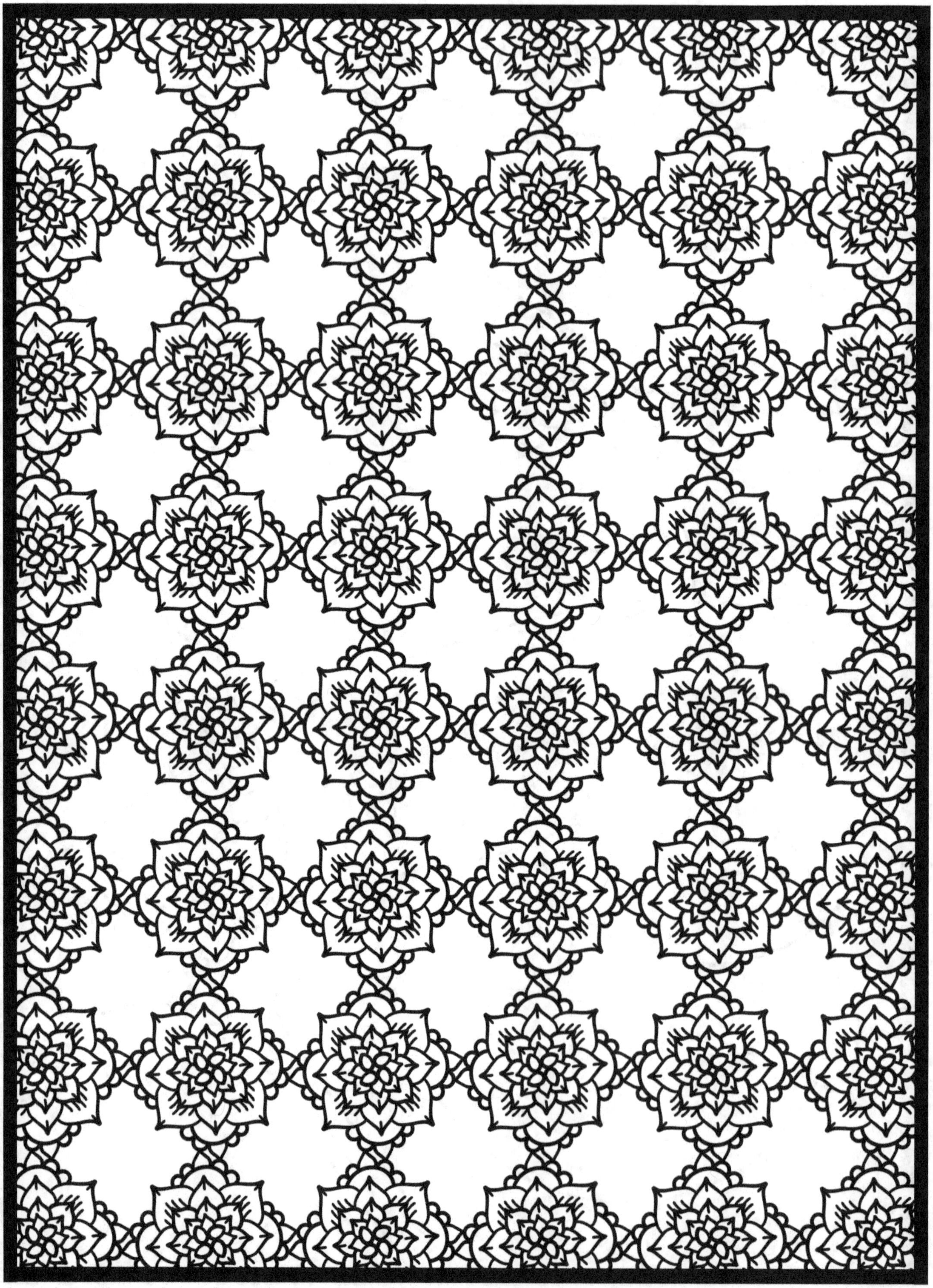

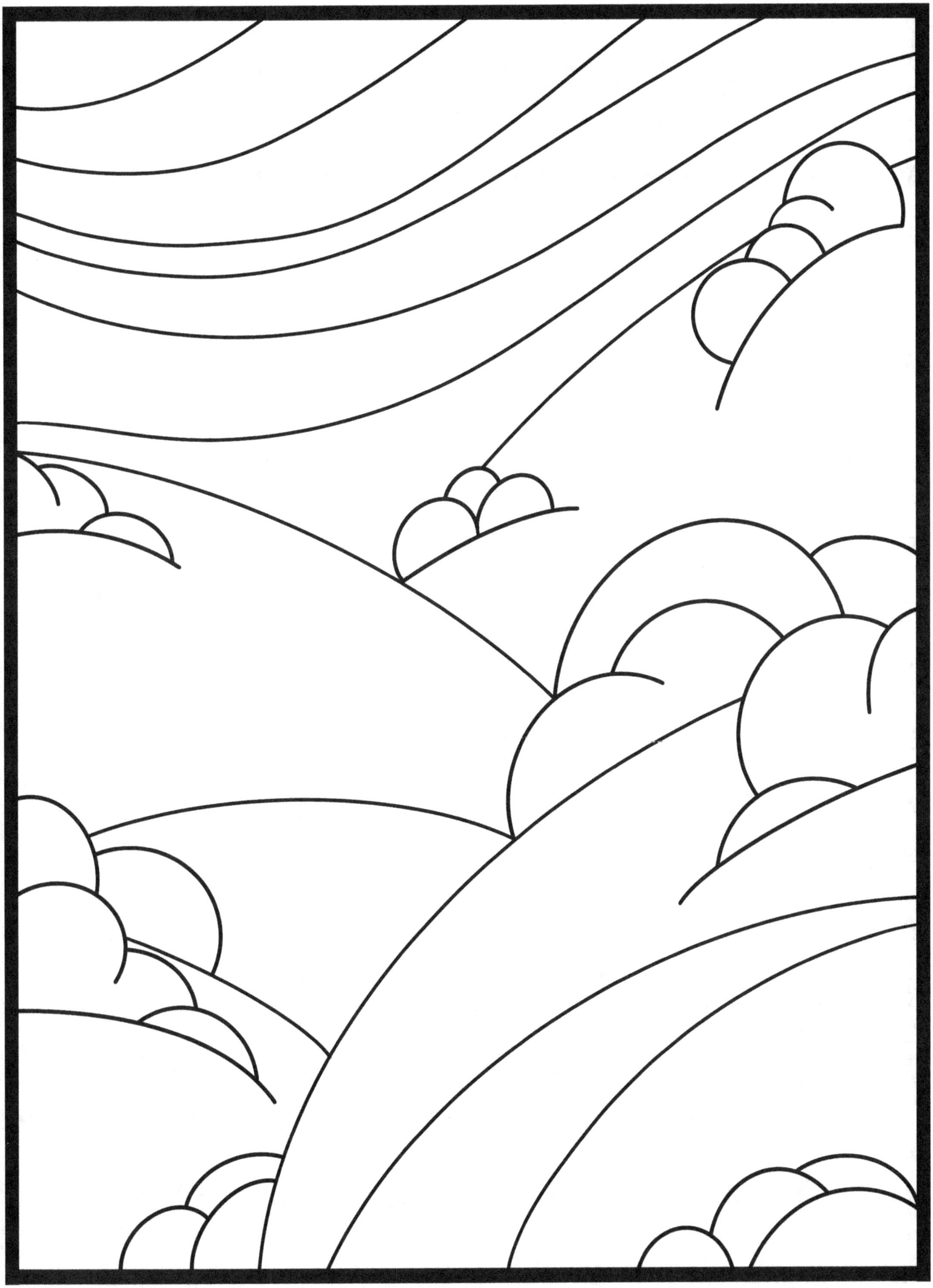

SUDOKU 1 **

	6					9		2
	1		6		8	5		
7		5		4		3		
5			3	9				
		1				7	6	
2	8	3			6	4		
6	9		2		5	1		8
					7			5
4		2	1				3	

TO SOLVE SUDOKU 1 SEE BACK OF BOOK

SUDOKU 2 **

4	7		8				9	1
	5			3	7		6	
		2						
	6	1	4	2		7		5
		4		6				
3				1		4	2	
	9					1		
		3	5		4		8	2
		8		9				3

TO SOLVE SUDOKU 2 SEE BACK OF BOOK

SUDOKU 3 **

	3		6	5				1
		2			3	9	8	
	1	4			7			
1				4		7		
7		5		2			3	
	6	9			8		4	
	5		9			2		
4			3			6		
8		6		7	1		5	

TO SOLVE SUDOKU 3 SEE BACK OF BOOK

SUDOKU 4 **

			1	2			7	4
		1				6		
8	9				3	5		
4	3		5		8	7	2	
2			4		6	1		9
6	5		9		1		8	
			7		2		3	
	7					4		

TO SOLVE SUDOKU 4 SEE BACK OF BOOK

SUDOKU 5 **

	5		9				2	
6	4			3		1		8
			6	1				4
3	9			7		2		5
	1		2		5		6	
2							4	
4			1		8	7	3	
		3			6			9
7	2			4				

TO SOLVE SUDOKU 5 SEE BACK OF BOOK

SUDOKU 6 **

	8	2		3	7		1	
5			9			2		6
4				5			7	3
		1			4		3	5
3		7		6	2			8
	4		8				9	
	5		3	7		4		
1		9				8		7
	6		1				2	

TO SOLVE SUDOKU 6 SEE BACK OF BOOK

SUDOKU 7 **

				5		3		
3	1		7		6		4	
9		8				2	7	
2	8						9	
		5	8			1		
	9			6	7		5	
6	3		5		8		2	9
	4	1		2				
			3		4	6		8

TO SOLVE SUDOKU 7 SEE BACK OF BOOK

SUDOKU 8 **

	7		3		9		2	
3		5	4				9	
1					7	4		6
	5	8	6		1			
6	3			2			1	9
		2		8			5	3
	6				3		8	
2				9		7		
8		1	5		6		4	2

TO SOLVE SUDOKU 8 SEE BACK OF BOOK

SUDOKU 9 **

	4		3				5	
		8	5			4		7
9		3		7	8			6
	9				7	3		1
8		5	2	1				
	7			3			4	2
	1	2		6			9	
3				4				5
	6		9		5	1	2	

TO SOLVE SUDOKU 9 SEE BACK OF BOOK

SUDOKU 10 **

7			3	1		4		
	4		5					
5	8			2		6		3
	3			7			2	
1	9		8					4
2				6	1	3		
			1	9		8		6
8		9			3			
4	7			5				1

TO SOLVE SUDOKU 10 SEE BACK OF BOOK

SUDOKU II **

4	5		7					3
		8	4		2	9		
	1			8				7
8		2	6		1		5	
	3	7		5		1	2	
								4
1		4	5		3	8		
								1
7		5	1	9		4	3	

TO SOLVE SUDOKU II SEE BACK OF BOOK

SUDOKU 12 **

	1		4			3		5
5				7				8
8	6		1		3	2		
9			5		4		1	
		5			8			2
	3	2	9				8	
7		1		9		4	3	
	8		6		2	7		
3					1			9

TO SOLVE SUDOKU 12 SEE BACK OF BOOK

SUDOKU 13 **

	8	9	6			3		2
			3				6	
	7	6		4	2	9		
4		2		6			3	5
		8	1		5			
	1			3		6		8
	2		4				7	
	5	7		8			1	
1			5		3	2		9

TO SOLVE SUDOKU 13 SEE BACK OF BOOK

SUDOKU 14 **

		3		6		8	4	
1			7					
	5	6			4	2		1
					7	9	1	
6		4	2		5		3	8
	9			1				
	3			4	9			
		1				3		9
8	7		1		3	5		

TO SOLVE SUDOKU 14 SEE BACK OF BOOK

SUDOKU 15 **

		8	5		7	3		
	7			1				4
2		1	9			8		6
	3	4	8		2		5	1
6					1	2		
		5				7	9	
3		6		7	9			5
	1		3					2
	9		1				3	

TO SOLVE SUDOKU 15 SEE BACK OF BOOK

SUDOKU 16 **

1		8	6			7		4
		6	9		4			
2				8		1		5
3		4		9		6		2
	9				1		3	
		5		3	6	9		
			5			4	1	
		3	1		8		5	
	6		2		9	3		

TO SOLVE SUDOKU 16 SEE BACK OF BOOK

SUDOKU 17 **

	4		8	6		9	2	7
9		3	5		4			
	7			1		5		4
1	3				8	4		9
2		8	4					3
	6		7		1			
	1							2
		4	1		5	3		6
6		2		8	7		4	

TO SOLVE SUDOKU 17 SEE BACK OF BOOK

SUDOKU 18 **

		5			9			8
3		2		6		1	9	
7		9	5		1			3
6	9		3			5		4
	3						6	
8		4	9		6		7	1
	5	6		8			3	7
	1				3	4		6
4			6		5		1	

TO SOLVE SUDOKU 18 SEE BACK OF BOOK

SUDOKU 19 **

	7		3	2		9	1	
3		2		1	7			5
	6	1	4		5	7		2
	8		2					6
2		6	1		8	4	5	
1		9		6	4			3
4		3	5		1		2	
	1	7						9
	2			4			7	1

TO SOLVE SUDOKU 19 SEE BACK OF BOOK

SUDOKU 20 **

1	9		2	3				7
								1
	6	4	9		8	3		
	5	7			2	8		
			1	8				9
	1		7				6	4
4		2		7	9	1	5	
	8			4	6			2
6	7						3	

TO SOLVE SUDOKU 20 SEE BACK OF BOOK

SUDOKU 21 **

1			9		8	3		5
2		8		1	6	7	9	
				4	2			
		9	8			5		3
4	6	1						
8			1					
			6				8	2
5	1							7

TO SOLVE SUDOKU 21 SEE BACK OF BOOK

SUDOKU 22 **

8			7			2		1
	4	9		8			6	5
		1						
9			6				1	
	6	7		5		9		
3								
2			3	1				
5		6						3
1					6	4		2

TO SOLVE SUDOKU 22 SEE BACK OF BOOK

SUDOKU 23 **

1						3	6	
	8	3		7		2		
		4	5					
3	9				5			2
		5		2			1	
			4	8				
		2	3			5		1
	6						9	
			7		4			8

TO SOLVE SUDOKU 23 SEE BACK OF BOOK

SUDOKU 24 **

1								
	5		8	1			9	
								2
			3	6				5
	4		2		7		3	6
		1			3	2		
3	2					8		
			1		9		7	4

TO SOLVE SUDOKU 24 SEE BACK OF BOOK

SUDOKU 25 **

4		9	1		8	2		
								4
	1	7		2		8		
3				1			6	
	5		4		6	1		9
		6	7					2
				4				3
	2		6		9		4	
		3			1		5	8

TO SOLVE SUDOKU 25 SEE BACK OF BOOK

LETTER CODES

SOLUTIONS BOX#1

A	B	C	D	E	F	G	H	I	J	K	L	M
8	11	23	14	12	7	4	10	15	26	21	18	20

N	O	P	Q	R	S	T	U	V	W	X	Y	Z
1	6	13	9	2	17	5	3	16	22	19	24	25

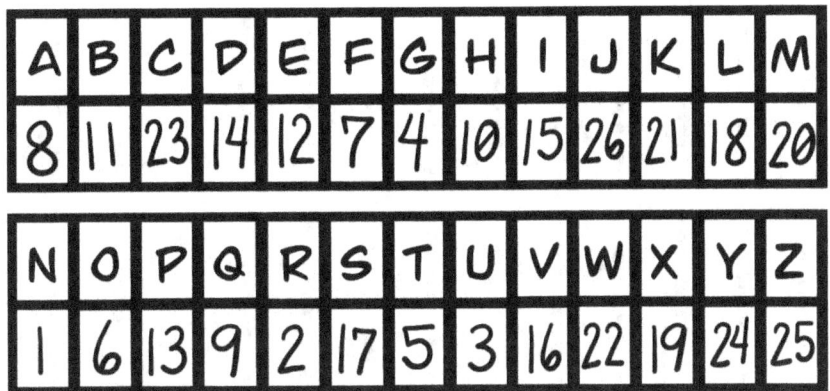

DECODE THE LETTERS IN THE RIGHT SEQUENCE TO UNDERSTAND THE HIDDEN MESSAGE.
ONE LETTER IS DECODED FOR YOU AND A SHORT CLUE TO HELP YOU UNDERSTAND.

LET YOUR SMILE CHANGE
18 12 5 24 6 3 2 17 20 15 18 12 23 10 8 1 4 12

THE WORLD BUT DON'T LET
5 10 12 22 6 2 18 14 11 3 5 14 6 1 5 18 12 5

THE WORLD CHANGE YOUR
5 10 12 22 6 2 18 14 23 10 8 1 4 12 24 6 3 2

SMILE.
17 20 15 18 12

HERE'S A CLUE TO THE PUZZLE:

HAPPINESS AS A GOAL AND IT'S OUTCOME .

LETTER CODES

SOLUTIONS BOX#2

A	B	C	D	E	F	G	H	I	J	K	L	M
21	13	7	2	1	23	14	17	19	5	26	25	9

N	O	P	Q	R	S	T	U	V	W	X	Y	Z
12	8	11	3	16	15	22	4	20	10	6	24	18

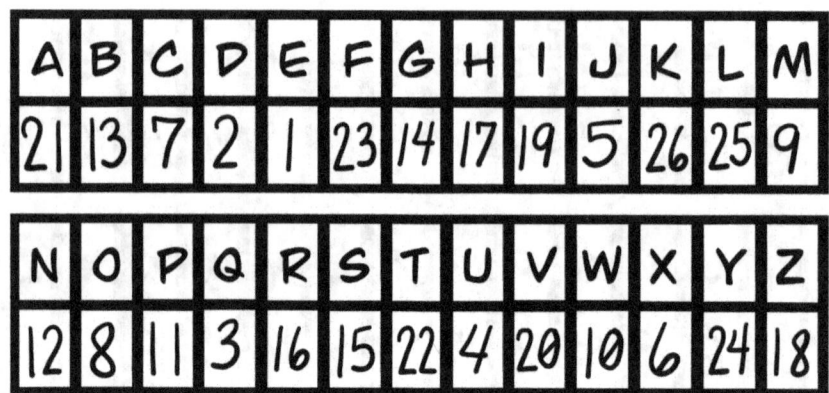

DECODE THE LETTERS IN THE RIGHT SEQUENCE TO UNDERSTAND THE HIDDEN MESSAGE.
ONE LETTER IS DECODED FOR YOU AND A SHORT CLUE TO HELP YOU UNDERSTAND.

THERE'S NO ELEVATOR TO

22 17 1 16 1 15 12 8 1 25 1 20 21 22 8 16 22 8

SUCCESS, YOU HAVE TO

15 4 7 7 1 15 15 24 8 4 17 21 20 1 22 8

TAKE THE STAIRS. NOW GET

22 21 26 1 22 17 1 15 22 21 19 16 15 12 8 10 14 1 22

GOING.

14 8 19 12 14

HERE'S A CLUE TO THE PUZZLE:

YOU'LL REACH IT, ONE STEP AT A TIME.

LETTER CODES

SOLUTIONS BOX#3

A	B	C	D	E	F	G	H	I	J	K	L	M
11	21	20	6	24	2	25	7	18	26	5	19	3

N	O	P	Q	R	S	T	U	V	W	X	Y	Z
13	10	8	22	1	17	15	4	16	23	14	12	9

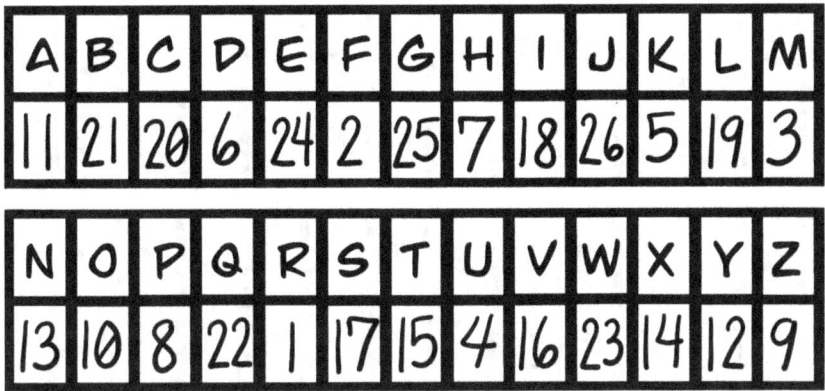

DECODE THE LETTERS IN THE RIGHT SEQUENCE TO UNDERSTAND THE HIDDEN MESSAGE.
ONE LETTER IS DECODED FOR YOU AND A SHORT CLUE TO HELP YOU UNDERSTAND.

LEARN FROM YESTERDAY
19 24 11 1 13   2 1 10 3   12 24 17 15 24 1 6 11 12

LIVE FOR TODAY AND
19 18 16 24   2 10 1   15 10 6 11 12   11 13 6

HOPE FOR TOMORROW
7 10 8 24   2 10 1   15 10 3 10 1 1 10 23

HERE'S A CLUE TO THE PUZZLE:

EINSTEIN SAID IT AND IT APPLIES TO 2020

LETTER CODES

SOLUTIONS BOX#4

A	B	C	D	E	F	G	H	I	J	K	L	M
6	25	16	14	23	7	11	24	17	8	3	12	18

N	O	P	Q	R	S	T	U	V	W	X	Y	Z
1	19	20	15	26	2	22	9	21	4	13	5	10

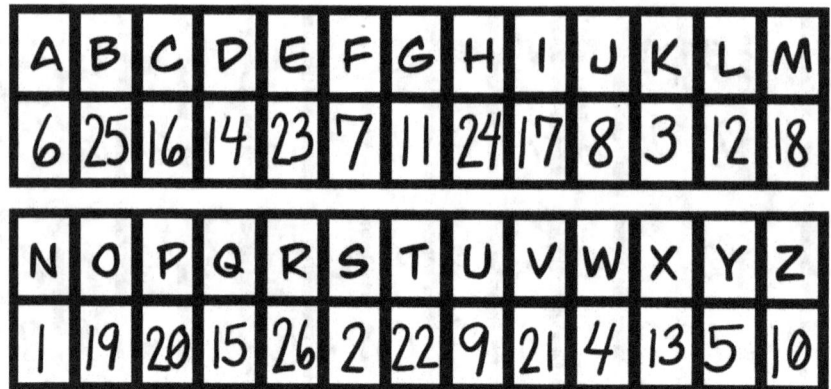

DECODE THE LETTERS IN THE RIGHT SEQUENCE TO UNDERSTAND THE HIDDEN MESSAGE.
ONE LETTER IS DECODED FOR YOU AND A SHORT CLUE TO HELP YOU UNDERSTAND.

FEAR IS A REACTION,
7 23 6 26 17 2 6 26 23 6 16 22 17 19 1

COURAGE IS A DECISION.
16 19 9 26 6 11 23 17 2 6 14 23 16 17 2 17 19 1

SO WE MUST DECIDE.
2 19 4 23 18 9 17 22 14 23 16 17 14 23

HERE'S A CLUE TO THE PUZZLE:
THIS KEEPS US AWAKE,
BUT THIS MAKES US STRONGER.

LETTER CODES

SOLUTIONS BOX#5

A	B	C	D	E	F	G	H	I	J	K	L	M
3	24	22	6	10	12	15	8	13	7	2	23	1

N	O	P	Q	R	S	T	U	V	W	X	Y	Z
5	19	17	11	9	4	14	26	21	18	16	20	25

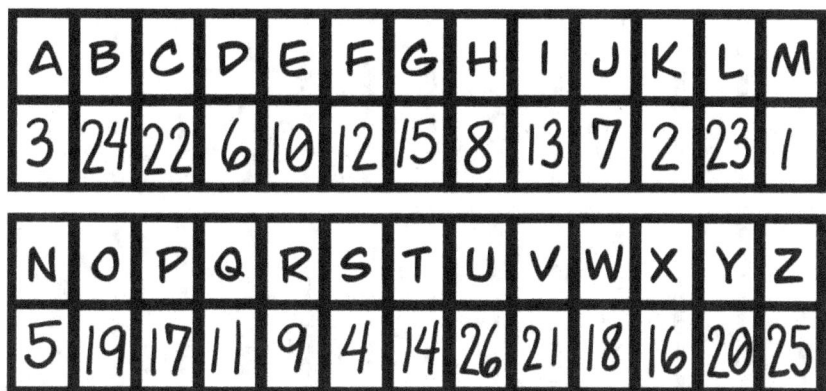

DECODE THE LETTERS IN THE RIGHT SEQUENCE TO UNDERSTAND THE HIDDEN MESSAGE.
ONE LETTER IS DECODED FOR YOU AND A SHORT CLUE TO HELP YOU UNDERSTAND.

EVERY NEW DAY IS A

10 21 10 9 20 5 10 18 6 3 20 13 4 3

BLESSING AND FOR EVERY

24 23 10 4 4 13 5 15 3 5 6 12 19 9 10 21 10 9 20

BLESSING WE MUST BE

24 23 10 4 4 13 5 15 18 10 1 26 4 14 24 10

THANKFUL.

14 8 3 5 2 12 26 23

HERE'S A CLUE TO THE PUZZLE:

COUNT YOURS AND NEVER FORGET.

LETTER CODES

SOLUTIONS BOX#6

A	B	C	D	E	F	G	H	I	J	K	L	M
15	8	16	21	20	6	19	1	23	10	3	17	5

N	O	P	Q	R	S	T	U	V	W	X	Y	Z
9	25	4	11	22	13	24	2	12	7	18	14	26

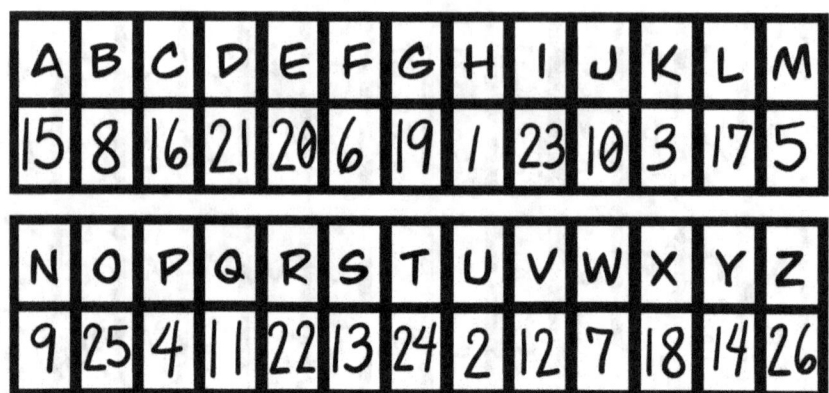

DECODE THE LETTERS IN THE RIGHT SEQUENCE TO UNDERSTAND THE HIDDEN MESSAGE.
ONE LETTER IS DECODED FOR YOU AND A SHORT CLUE TO HELP YOU UNDERSTAND.

IF YOU ARE WHAT YOU

23 6   14 25 2   15 22 20   7 1 15 24   14 25 2

THINK, THEN WHAT

24 1 23 9 3   24 1 20 9   7 1 15 24

STOPS US IS BUT A

13 24 25 4 13   2 13   23 13   8 2 24   15

LACK OF IMAGINATION.

17 15 16 3   25 6   23 5 15 19 23 9 15 24 23 25 9

HERE'S A CLUE TO THE PUZZLE:

WE ARE THE CREATORS OF OUR REALITY.

SUDOKU SOLUTIONS

SUDOKU 1 **

8	6	4	5	7	3	9	1	2
3	1	9	6	2	8	5	7	4
7	2	5	9	4	1	3	8	6
5	7	6	3	9	4	8	2	1
9	4	1	8	5	2	7	6	3
2	8	3	7	1	6	4	5	9
6	9	7	2	3	5	1	4	8
1	3	8	4	6	7	2	9	5
4	5	2	1	8	9	6	3	7

SUDOKU 2 **

4	7	6	8	5	2	3	9	1
8	5	9	1	3	7	2	6	4
1	3	2	6	4	9	5	7	8
9	6	1	4	2	8	7	3	5
5	2	4	7	6	3	8	1	9
3	8	7	9	1	5	4	2	6
2	9	5	3	8	6	1	4	7
6	1	3	5	7	4	9	8	2
7	4	8	2	9	1	6	5	3

SUDOKU 3 **

9	3	8	6	5	2	4	7	1
5	7	2	4	1	3	9	8	6
6	1	4	8	9	7	5	2	3
1	8	3	5	4	9	7	6	2
7	4	5	1	2	6	8	3	9
2	6	9	7	3	8	1	4	5
3	5	7	9	6	4	2	1	8
4	2	1	3	8	5	6	9	7
8	9	6	2	7	1	3	5	4

SUDOKU 4 **

3	6	5	1	2	9	8	7	4
7	2	1	8	5	4	6	9	3
8	9	4	6	7	3	5	1	2
4	3	9	5	1	8	7	2	6
2	8	7	4	3	6	1	5	9
5	1	6	2	9	7	3	4	8
6	5	3	9	4	1	2	8	7
1	4	8	7	6	2	9	3	5
9	7	2	3	8	5	4	6	1

SUDOKU 5 **

1	5	7	9	8	4	6	2	3
6	4	2	5	3	7	1	9	8
9	3	8	6	1	2	5	7	4
3	9	6	4	7	1	2	8	5
8	1	4	2	9	5	3	6	7
2	7	5	8	6	3	9	4	1
4	6	9	1	5	8	7	3	2
5	8	3	7	2	6	4	1	9
7	2	1	3	4	9	8	5	6

SUDOKU 6 **

9	8	2	6	3	7	5	1	4
5	7	3	9	4	1	2	8	6
4	1	6	2	5	8	9	7	3
8	2	1	7	9	4	6	3	5
3	9	7	5	6	2	1	4	8
6	4	5	8	1	3	7	9	2
2	5	8	3	7	9	4	6	1
1	3	9	4	2	6	8	5	7
7	6	4	1	8	5	3	2	9

SUDOKU 7 **

7	6	4	9	5	2	3	8	1
3	1	2	7	8	6	9	4	5
9	5	8	4	3	1	2	7	6
2	8	6	1	4	5	7	9	3
4	7	5	8	9	3	1	6	2
1	9	3	2	6	7	8	5	4
6	3	7	5	1	8	4	2	9
8	4	1	6	2	9	5	3	7
5	2	9	3	7	4	6	1	8

SUDOKU 8 **

4	7	6	3	1	9	5	2	8
3	8	5	4	6	2	1	9	7
1	2	9	8	5	7	4	3	6
9	5	8	6	3	1	2	7	4
6	3	4	7	2	5	8	1	9
7	1	2	9	8	4	6	5	3
5	6	7	2	4	3	9	8	1
2	4	3	1	9	8	7	6	5
8	9	1	5	7	6	3	4	2

SUDOKU 9 **

7	4	6	3	2	1	9	5	8
1	2	8	5	9	6	4	3	7
9	5	3	4	7	8	2	1	6
2	9	4	6	5	7	3	8	1
8	3	5	2	1	4	7	6	9
6	7	1	8	3	9	5	4	2
5	1	2	7	6	3	8	9	4
3	8	9	1	4	2	6	7	5
4	6	7	9	8	5	1	2	3

SUDOKU 10 **

7	6	2	3	1	9	4	8	5
9	4	3	5	8	6	7	1	2
5	8	1	7	2	4	6	9	3
6	3	4	9	7	5	1	2	8
1	9	7	8	3	2	5	6	4
2	5	8	4	6	1	3	7	9
3	2	5	1	9	7	8	4	6
8	1	9	6	4	3	2	5	7
4	7	6	2	5	8	9	3	1

SUDOKU 11 **

4	5	6	7	1	9	2	8	3
3	7	8	4	6	2	9	1	5
2	1	9	3	8	5	6	4	7
8	4	2	6	3	1	7	5	9
6	3	7	9	5	4	1	2	8
5	9	1	8	2	7	3	6	4
1	2	4	5	7	3	8	9	6
9	6	3	2	4	8	5	7	1
7	8	5	1	9	6	4	3	2

SUDOKU 12 **

2	1	7	4	8	9	3	6	5
5	9	3	2	7	6	1	4	8
8	6	4	1	5	3	2	9	7
9	7	8	5	2	4	6	1	3
1	4	5	3	6	8	9	7	2
6	3	2	9	1	7	5	8	4
7	2	1	8	9	5	4	3	6
4	8	9	6	3	2	7	5	1
3	5	6	7	4	1	8	2	9

SUDOKU 13 **

5	8	9	6	1	7	3	4	2
2	4	1	3	5	9	8	6	7
3	7	6	8	4	2	9	5	1
4	9	2	7	6	8	1	3	5
6	3	8	1	2	5	7	9	4
7	1	5	9	3	4	6	2	8
8	2	3	4	9	1	5	7	6
9	5	7	2	8	6	4	1	3
1	6	4	5	7	3	2	8	9

SUDOKU 14 **

7	2	3	9	6	1	8	4	5
1	4	8	7	5	2	6	9	3
9	5	6	3	8	4	2	7	1
5	8	2	4	3	7	9	1	6
6	1	4	2	9	5	7	3	8
3	9	7	8	1	6	4	5	2
2	3	5	6	4	9	1	8	7
4	6	1	5	7	8	3	2	9
8	7	9	1	2	3	5	6	4

SUDOKU 15 **

4	6	8	5	2	7	3	1	9
9	7	3	6	1	8	5	2	4
2	5	1	9	4	3	8	7	6
7	3	4	8	9	2	6	5	1
6	8	9	7	5	1	2	4	3
1	2	5	4	3	6	7	9	8
3	4	6	2	7	9	1	8	5
5	1	7	3	8	4	9	6	2
8	9	2	1	6	5	4	3	7

SUDOKU 16 **

1	3	8	6	5	2	7	9	4
7	5	6	9	1	4	8	2	3
2	4	9	3	8	7	1	6	5
3	1	4	8	9	5	6	7	2
6	9	7	4	2	1	5	3	8
8	2	5	7	3	6	9	4	1
9	8	2	5	7	3	4	1	6
4	7	3	1	6	8	2	5	9
5	6	1	2	4	9	3	8	7

SUDOKU 17 **

5	4	1	8	6	3	9	2	7
9	2	3	5	7	4	6	8	1
8	7	6	9	1	2	5	3	4
1	3	7	2	5	8	4	6	9
2	5	8	4	9	6	7	1	3
4	6	9	7	3	1	2	5	8
3	1	5	6	4	9	8	7	2
7	8	4	1	2	5	3	9	6
6	9	2	3	8	7	1	4	5

SUDOKU 18 **

1	6	5	2	3	9	7	4	8
3	4	2	8	6	7	1	9	5
7	8	9	5	4	1	6	2	3
6	9	7	3	1	2	5	8	4
5	3	1	4	7	8	9	6	2
8	2	4	9	5	6	3	7	1
9	5	6	1	8	4	2	3	7
2	1	8	7	9	3	4	5	6
4	7	3	6	2	5	8	1	9

SUDOKU 19 **

5	7	8	3	2	6	9	1	4
3	4	2	9	1	7	8	6	5
9	6	1	4	8	5	7	3	2
7	8	4	2	5	3	1	9	6
2	3	6	1	9	8	4	5	7
1	5	9	7	6	4	2	8	3
4	9	3	5	7	1	6	2	8
8	1	7	6	3	2	5	4	9
6	2	5	8	4	9	3	7	1

SUDOKU 20 **

1	9	5	2	3	4	6	8	7
8	2	3	6	5	7	9	4	1
7	6	4	9	1	8	3	2	5
9	5	7	4	6	2	8	1	3
2	4	6	1	8	3	5	7	9
3	1	8	7	9	5	2	6	4
4	3	2	8	7	9	1	5	6
5	8	1	3	4	6	7	9	2
6	7	9	5	2	1	4	3	8

SUDOKU 21 **

1	7	4	9	2	8	3	6	5
6	9	3	4	5	7	8	2	1
2	5	8	3	1	6	7	9	4
3	8	5	7	4	2	6	1	9
7	2	9	8	6	1	5	4	3
4	6	1	5	9	3	2	7	8
8	3	2	1	7	9	4	5	6
9	4	7	6	3	5	1	8	2
5	1	6	2	8	4	9	3	7

SUDOKU 22 **

8	5	3	7	6	9	2	4	1
7	4	9	2	8	1	3	6	5
6	2	1	5	3	4	8	7	9
9	8	2	6	4	3	5	1	7
4	6	7	1	5	2	9	3	8
3	1	5	8	9	7	6	2	4
2	9	4	3	1	5	7	8	6
5	7	6	4	2	8	1	9	3
1	3	8	9	7	6	4	5	2

SUDOKU 23 **

1	5	9	8	4	2	3	6	7
6	8	3	1	7	9	2	5	4
7	2	4	5	3	6	1	8	9
3	9	8	6	1	5	7	4	2
4	7	5	9	2	3	8	1	6
2	1	6	4	8	7	9	3	5
9	4	2	3	6	8	5	7	1
8	6	7	2	5	1	4	9	3
5	3	1	7	9	4	6	2	8

SUDOKU 24 **

1	9	2	7	3	6	5	4	8
7	5	4	8	1	2	6	9	3
6	3	8	9	4	5	7	1	2
9	1	7	3	6	8	4	2	5
2	6	3	4	5	1	9	8	7
8	4	5	2	9	7	1	3	6
4	7	1	5	8	3	2	6	9
3	2	9	6	7	4	8	5	1
5	8	6	1	2	9	3	7	4

SUDOKU 25 **

4	3	9	1	6	8	2	7	5
2	6	8	5	9	7	3	1	4
5	1	7	3	2	4	8	9	6
3	8	4	9	1	2	5	6	7
7	5	2	4	8	6	1	3	9
1	9	6	7	5	3	4	8	2
6	7	1	8	4	5	9	2	3
8	2	5	6	3	9	7	4	1
9	4	3	2	7	1	6	5	8

FILL'A BOX #1
PICTURE CAPTURE
SOLUTION

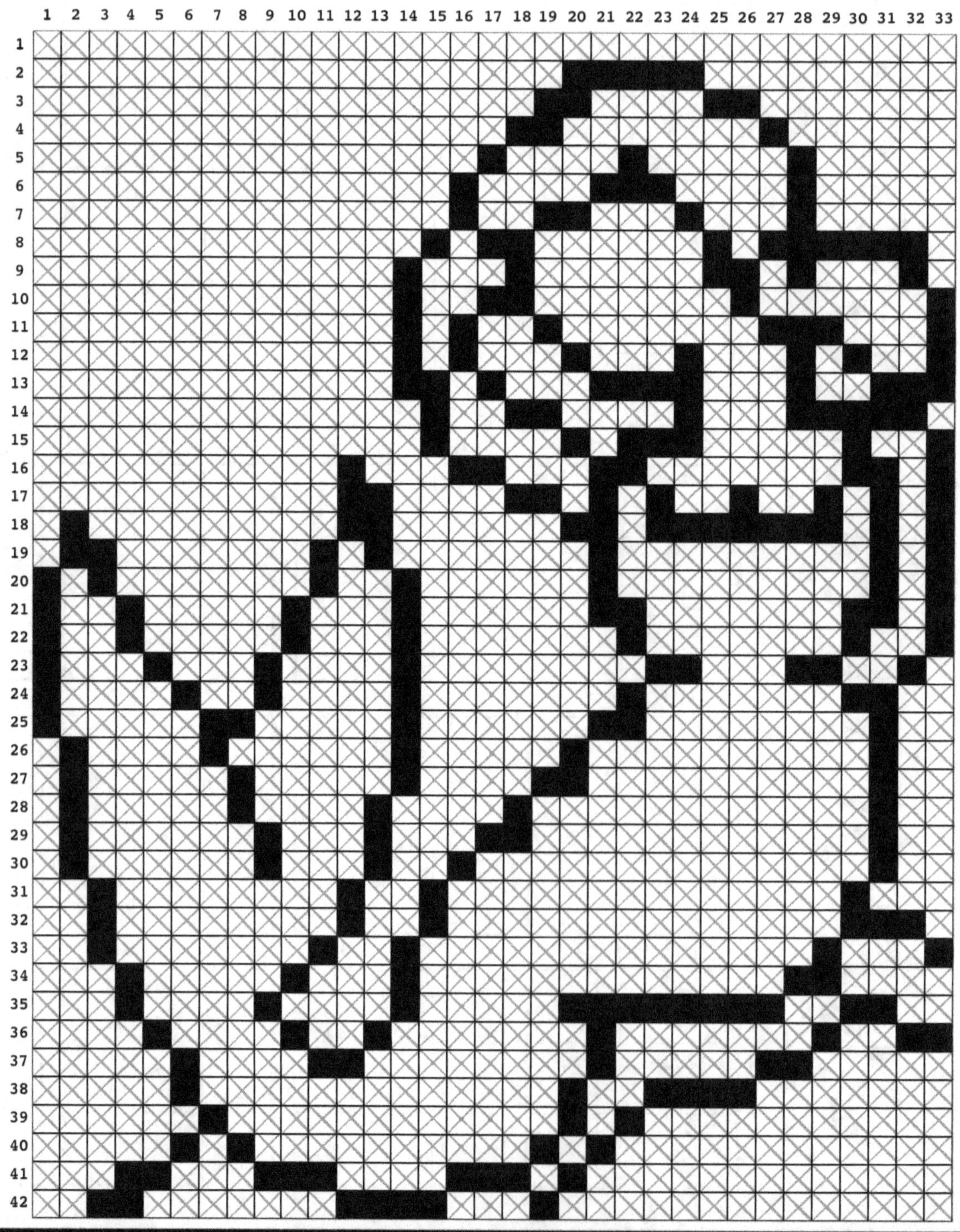

FILL'A BOX #2
PICTURE CAPTURE
SOLUTION

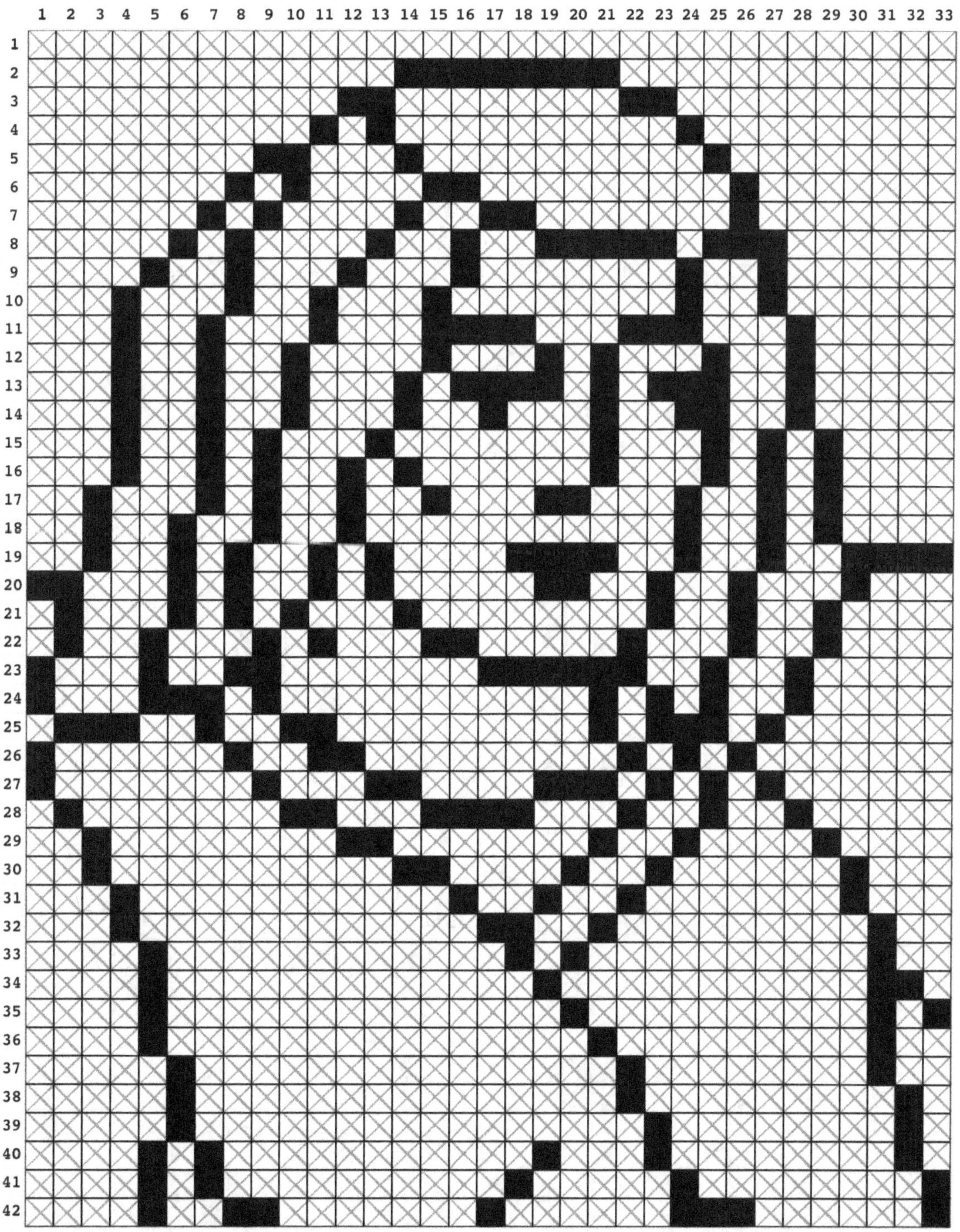

FILL'A BOX #3
PICTURE CAPTURE
SOLUTION

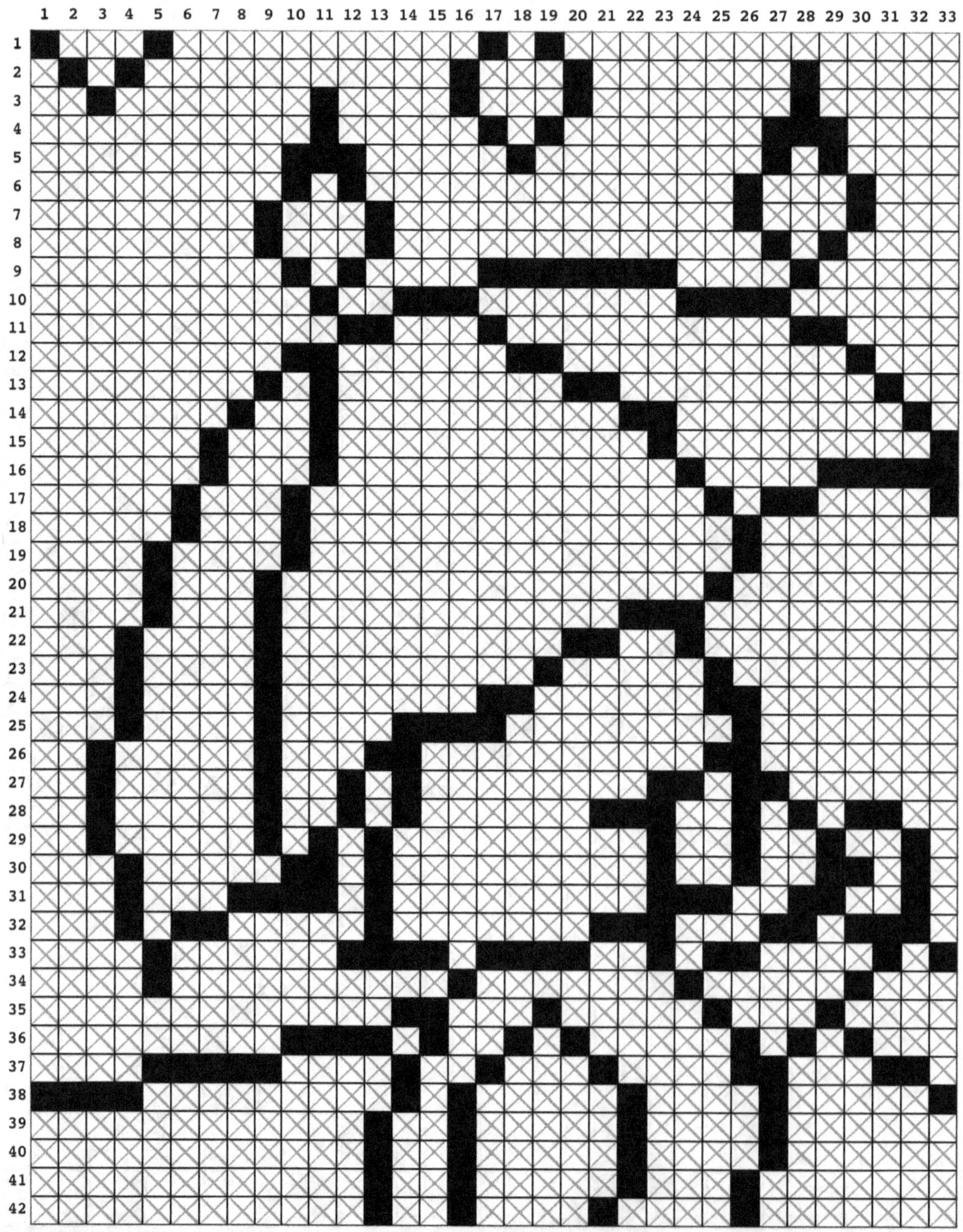

www.ingramcontent.com/pod-product-compliance
Lightning Source LLC
Chambersburg PA
CBHW081445220526
45466CB00008B/2515
9798587499577